# BIBLIOTECA DE BOLSILLO

## *La última niebla*

## *La amortajada*

María Luisa Bombal nació en Viña del Mar, Chile, el 8 de junio de 1910. A los doce años, tras la muerte de su padre, pasó a cursar estudios en París, donde residiría hasta 1931. En 1933 se estableció en Buenos Aires, donde se hospedó durante dos años en casa de Pablo Neruda y entró en contacto con el grupo de la revista *Sur*. En 1940 contrajo matrimonio con el conde Raphael de Saint-Phalle y pasó a residir en los Estados Unidos hasta la muerte de su esposo en 1970, fecha en que regresó a Chile. Murió el 6 de mayo de 1980.

# María Luisa Bombal

# *La última niebla*
# *La amortajada*

BIBLIOTECA DE BOLSILLO

Cubierta: Amand Domènech

Primera edición en
Biblioteca de Bolsillo:
septiembre 1988
Segunda edición: mayo 1990
Tercera edición: septiembre 1991
Cuarta edición: octubre 1992
Quinta edición: junio 1994

© María Luisa Bombal, 1948, 1976, 1977, 1978
Published by arrangement with Farrar, Straus & Giroux, Inc.
Union Square West. NY, NY 10003

Derechos exclusivos de edición en castellano
reservados para todo el mundo:
© 1988 y 1994: Editorial Seix Barral, S. A.
Córcega, 270 - 08008 Barcelona

ISBN: 84-322-3055-3

Depósito legal: B. 20.079 - 1994

Impreso en España

# LA ÚLTIMA NIEBLA

*A Oliverio Girondo y a Norah
Lange, con admiración y gratitud.*

# LA ÚLTIMA NIEBLA

El vendaval de la noche anterior había removido las tejas de la vieja casa de campo. Cuando llegamos, la lluvia goteaba en todos los cuartos.

—Los techos no están preparados para un invierno semejante —dijeron los criados al introducirnos en la sala, y como echaran sobre mí una mirada de extrañeza, Daniel explicó rápidamente:

—Mi prima y yo nos casamos esta mañana.

Tuve dos segundos de perplejidad.

«Por muy poca importancia que se haya dado a nuestro repentino enlace, Daniel debió haber advertido a su gente», pensé, escandalizada.

A la verdad, desde que el coche franqueó los límites de la hacienda, mi marido se había mostrado nervioso, casi agresivo.

Y era natural.

Hacía apenas un año efectuaba el mismo trayecto con su primera mujer; aquella muchacha huraña y flaca a quien adoraba, y que debiera morir tan inesperadamente tres meses después. Pero ahora, ahora hay algo como de recelo en la mirada con que me envuelve de pies a cabeza. Es la mirada hostil con la que de costumbre acoge siempre a todo extranjero.

—¿Qué te pasa? —le pregunto.

—Te miro —me contesta—. Te miro y pienso que te conozco demasiado...

Lo sacude un escalofrío. Se allega a la chimenea y mientras se empeña en avivar la llama azulada que ahúma unos leños empapados, prosigue con mucha calma:

—Hasta los ocho años, nos bañaron a un tiempo en la misma bañera. Luego, verano tras verano, ocultos de bruces en la maleza, Felipe y yo hemos acechado y visto zambullirse en el río a todas las muchachas de la familia. No necesito ni siquiera desnudarte. De ti conozco hasta la cicatriz de tu operación de apendicitis.

Mi cansancio es tan grande que en lugar de contestar prefiero dejarme caer en un sillón. A mi vez, miro este cuerpo de hombre que se mueve delante de mí. Este cuerpo grande y un poco torpe yo también lo conozco de memoria, yo también lo he visto crecer y desarrollarse. Desde hace años, no me canso de repetir que si Daniel no procura mantenerse derecho terminará por ser jorobado. Y como a menudo enredé en ellos dedos temblorosos de rabia, conozco la resistencia de sus cabellos rubios, ásperos y crespos. En él, sin embargo, esa especie de inquietud en los movimientos, esa mirada angustiada, son algo nuevo para mí.

Cuando era niño, Daniel no temía a los fantasmas ni a los muebles que crujen en la oscuridad durante la noche. Desde la muerte de su mujer, diríase que tiene siempre miedo de estar solo.

Pasamos a una segunda habitación más fría aún que la primera. Comemos sin hablar.

—¿Te aburres? —interroga de improviso mi marido.

—Estoy extenuada —contesto.

Apoyados los codos en la mesa, me mira fijamente largo rato y vuelve a interrogarme:

—¿Para qué nos casamos?

—Por casarnos —respondo.

Daniel deja escapar una pequeña risa.

—¿Sabes que has tenido una gran suerte al casarte conmigo?

—Sí, lo sé —replico, cayéndome de sueño.

—¿Te hubiera gustado ser una solterona arrugada, que teje para los pobres de la hacienda?

Me encojo de hombros.

—Ése es el porvenir que aguarda a tus hermanas...

Permanezco muda. No me hacen ya el menor efecto las frases cáusticas con que me turbaba no hace aún quince días.

Una nueva y violenta racha de lluvia se descarga contra los vidrios. Allá, en el fondo del parque, oigo acercarse y alejarse el incesante ladrido de los perros. Daniel se levanta y toma la lámpara. Echa a andar. Mientras lo sigo, arrebujada en la vieja manta de vicuña, que me echara compasivamente sobre los hombros la buena mujer que nos sirviera una comida improvisada, compruebo con sorpresa que sus sarcasmos no hacen sino revolverse contra él mismo. Está lívido y parece sufrir.

Al entrar en el dormitorio, suelta la lámpara y vuelve rápidamente la cabeza, a la par que una especie de ronquido que no alcanza a reprimir le desgarra la garganta.

Le miro extrañada. Tardo un segundo en comprender que está llorando.

Me aparto de él, tratando de persuadirme de que la actitud más discreta está en fingir una absoluta ignorancia de su dolor. Pero en mi fuero interno algo me dice que ésta es también la actitud más cómoda.

Y entonces, más que el llanto de mi marido, me molesta la idea de mi propio egoísmo. Lo dejo pasar al cuarto contiguo sin esbozar un gesto hacia él, sin balbucir una palabra de consuelo. Me desvisto, me acuesto y, sin saber cómo, me deslizo instantáneamente en el sueño.

A la mañana siguiente, cuando me despierto, hay a mi lado un surco vacío en el lecho; me informan que, al rayar el alba, Daniel salió camino del pueblo.

* * *

La muchacha que yace en ese ataúd blanco, no hace dos días coloreaba tarjetas postales, sentada bajo el emparrado. Y ahora hela aquí aprisionada, inmóvil, en ese largo estuche de madera, en cuya tapa han encajado un vidrio para que sus conocidos puedan contemplar su postrera expresión.

11

Me acerco y miro, por primera vez, la cara de un muerto.

Veo un rostro descolorido, sin ni un toque de sombra en los anchos párpados cerrados. Un rostro vacío de todo sentimiento.

Esta muerta, sobre la cual no se me ocurriría inclinarme para llamarla porque parece que no hubiera vivido nunca, me sugiere de pronto la palabra silencio.

Silencio, un gran silencio, un silencio de años, de siglos, un silencio aterrador que empieza a crecer en el cuarto y dentro de mi cabeza.

Retrocedo y abriéndome paso con nerviosa precipitación entre mudos enlutados, alcanzo la puerta, después de haber tropezado con horribles coronas de flores artificiales.

Atravieso casi corriendo el jardín, abro la verja. Pero, afuera, una sutil neblina ha diluido el paisaje y el silencio es aún más inmenso.

Desciendo la pequeña colina sobre la cual la casa está aislada entre cipreses, como una tumba, y me voy, a bosque traviesa, pisando firme y fuerte, para despertar un eco. Sin embargo, todo continúa mudo y mi pie arrastra hojas caídas que no crujen porque están húmedas y como en descomposición.

Esquivo siluetas de árboles, a tal punto estáticas, borrosas, que de pronto alargo la mano para convencerme de que existen realmente.

Tengo miedo. En aquella inmovilidad y también en la de esa muerta estirada allá arriba, hay como un peligro oculto.

Y porque me ataca por vez primera, reacciono violentamente contra el asalto de la niebla.

—¡Yo existo, yo existo —digo en voz alta— y soy bella y feliz! Sí, ¡feliz!, la felicidad no es más que tener un cuerpo joven y esbelto y ágil.

No obstante, desde hace mucho, flota en mí una turbia inquietud. Cierta noche, mientras dormía, vislumbré algo, algo que era tal vez su causa. Una vez despierta, traté en vano de recordarlo. Noche a noche he tratado, también en vano, de volver a encontrar el mismo sueño.

Un soplo frío me azota la frente. Sin ruido, tocándome casi, ha pasado sobre mí un pájaro de alas rojizas, de alas de color de otoño. Tengo miedo nuevamente. Emprendo una carrera desesperada hacia mi casa.

Diviso a mi marido, que apacigua el trote de su caballo para gritarme que su hermano Felipe, con su mujer y un amigo, han venido a visitarnos de paso para la ciudad.

Entro al salón por la puerta que abre sobre el macizo de rododendros. En la penumbra dos sombras se apartan bruscamente una de otra, con tan poca destreza, que la cabellera medio desatada de Regina queda prendida a los botones de la chaqueta de un desconocido. Sobrecogida, los miro.

La mujer de Felipe opone a mi mirada otra mirada llena de cólera. Él, un muchacho alto y muy moreno, se inclina, con mucha calma desenmaraña las guedejas negras, y aparta de su pecho la cabeza de su amante.

Pienso en la trenza demasiado apretada que corona sin gracia mi cabeza. Me voy sin haber despegado los labios.

Ante el espejo de mi cuarto, desato mis cabellos, mis cabellos también sombríos. Hubo un tiempo en que los llevé sueltos, casi hasta tocar el hombro. Muy lacios y apegados a las sienes, brillaban como una seda fulgurante. Mi peinado se me antojaba, entonces, un casco guerrero que, estoy segura, hubiera gustado al amante de Regina. Mi marido me ha obligado después a recoger mis extravagantes cabellos; porque en todo debo esforzarme en imitar a su primera mujer, a su primera mujer que, según él, era una mujer perfecta.

Me miro al espejo atentamente y compruebo angustiada que mis cabellos han perdido ese leve tinte rojo que les comunicaba un extraño fulgor, cuando sacudía la cabeza. Mis cabellos se han oscurecido. Van a oscurecerse cada día más.

Y antes que pierdan su brillo y su violencia, no habrá nadie que diga que tengo lindo pelo.

La casa resuena y queda vibrando durante un pequeño intervalo del acorde que dos manos han arrancado al viejo piano del salón. Luego, un nocturno empieza a desgranarse én un centenar de notas que van doblando y multiplicándose.

Anudo precipitadamente mis cabellos y vuelo escaleras abajo.

Regina está tocando de memoria. A su juego, confuso e incierto, presta unidad y relieve una especie de pasión desatada, casi impúdica.

Detrás de ella, su marido y el mío fuman sin escucharla.

El piano calla bruscamente. Regina se pone de pie, cruza con lentitud el salón, se allega a mí casi hasta tocarme. Tengo muy cerca de mi cara su cara pálida, de una palidez que no es en ella falta de color, sino intensidad de vida, como si estuviera siempre viviendo una hora de violencia interior.

Regina vuelve a cruzar el salón para sentarse nuevamente junto al piano. Al pasar sonríe a su amante, que envuelve en deseo cada uno de sus pasos.

Parece que me hubieran vertido fuego dentro de las venas. Salgo al jardín, huyo. Me interno en la bruma y de pronto un rayo de sol se enciende al través, prestando una dorada claridad de gruta al bosque en que me encuentro; hurga la tierra, desprende de ella aromas profundos y mojados.

Me acomete una extraña languidez. Cierro los ojos y me abandono contra un árbol. ¡Oh, echar los brazos alrededor de un cuerpo ardiente y rodar con él, enlazada, por una pendiente sin fin...! Me siento desfallecer y en vano sacudo la cabeza para disipar el sopor que se apodera de mí.

Entonces me quito las ropas, todas, hasta que mi carne se tiñe del mismo resplandor que flota entre los árboles. Y así, desnuda y dorada, me sumerjo en el estanque.

No me sabía tan blanca y tan hermosa. El agua alarga mis formas, que toman proporciones irreales. Nunca me atreví antes a mirar mis senos; ahora los miro. Pequeños y redondos, parecen diminutas corolas suspendidas sobre el agua.

Me voy enterrando hasta la rodilla en una espesa arena de terciopelo. Tibias corrientes me acarician y penetran. Como con brazos de seda, las plantas acuáticas me enlazan el torso con sus largas raíces. Me besa la nuca y sube hasta mi frente el aliento fresco del agua.

A la madrugada, agitaciones en el piso bajo, paseos insólitos alrededor de mi lecho, provocan desgarrones en mi sueño. Me fatigo inútilmente, ayudando en pensamiento a Daniel. Junto con él, abro cajones y busco mil objetos, sin poder nunca hallarlos. Un gran silencio me despierta, por fin.

Advierto un tremendo desorden en el cuarto y veo una cartuchera olvidada sobre el velador.

Recuerdo entonces que los hombres debían salir de caza, para no volver sino al anochecer.

Regina se levanta contrariada. Durante el almuerzo no cesa de protestar ásperamente contra los caprichos intempestivos de nuestros maridos. No le contesto, temiendo exasperarla con lo que ella llama mi candor.

Más tarde me recuesto sobre los peldaños de la escalinata y aguzo el oído. Hora tras hora espero en vano ·la detonación lejana que llegue a quebrar este enervante silencio. Los cazadores parecen haber sido secuestrados por la bruma...

¡Con qué rapidez la estación va acortando los días! Ya empieza a incendiarse el poniente. Tras los vidrios de cada ventana parece brillar una hoguera. Todo lo abrasa una roja llamarada cuyo fulgor no consigue atenuar la niebla.

Cayó la noche. No croan las ranas y no percibo, tan siquiera, el gemido tranquilo de algún grillo, perdido en el césped. Detrás de mí, la casa permanece totalmente oscura.

Angustiada, entro al salón, prendo una lámpara. Ahogo una exclamación de sorpresa. Regina se ha quedado dormida sobre el diván. La miro. Sus rasgos parecen alisarse hacia las sienes; el contorno de sus pómulos se ha suavizado y su piel luce aún más tersa. Me acerco. Ignoraba que los seres embellecieran cuando reposan extendidos. Regina no parece ahora una mujer, sino una niña, una niña muy dulce y muy indolente.

Me la imagino dormida así, en tibios aposentos alfombrados donde toda una vida misteriosa se insinúa en un flotante perfume de cabelleras y cigarrillos femeninos.

De nuevo en mí este dolor punzante como un grito.

Vuelvo a salir para sentarme en la oscuridad, frente a la casa. Veo moverse luces entre los árboles. Bultos de hombres avanzan con infinitas precauciones, trayendo grandes ramas encendidas en las manos a modo de antorchas. Oigo el jadeo precipitado de los perros.

—¿Buena suerte? —interrogo con júbilo.

—¡Maldita niebla! —rezonga Daniel, por toda respuesta.

Hombres y animales vienen a desplomarse, exhaustos, a mis pies. Se alinea delante de mí una profusión de alas muertas, de pobres cuerpos mutilados, embarrados.

El amante de Regina deja caer sobre mis rodillas una torcaza aún caliente y que destila sangre.

Pego un alarido y la rechazo, nerviosa. Mientras todos se alejan riendo, el cazador se obstina en mantener, contra mi voluntad, aquel vergonzoso trofeo en mi regazo. Me debato como puedo y llorando casi de indignación. Cuando él afloja su forzado abrazo, levanto la cara.

Me intimida su mirada escrutadora y bajo los ojos. Al levantarlos de nuevo, noto que me sigue mirando. Lleva la camisa entreabierta y de su pecho se desprende un olor a avellanas y a sudor de hombre limpio y fuerte. Le sonrío turbada. Entonces él, levantándose de un salto, penetra en la casa sin volver la cabeza.


La niebla se estrecha, cada día más, contra la casa. Ya hizo desaparecer las araucarias cuyas ramas golpeaban la balaustrada de la terraza. Anoche soñé que, por entre rendijas de las puertas y ventanas, se infiltraba lentamente en la casa, en mi cuarto, y esfumaba el color de las paredes, los contornos de los muebles, y se entrelazaba a mis cabellos, y se me adhería al cuerpo y lo deshacía todo, todo... Sólo, en medio del desastre, quedaba intacto el rostro de Regina, con su mirada de fuego y sus labios llenos de secretos.

Hace varias horas que hemos llegado a la ciudad. Detrás de la espesa cortina de niebla, suspendida inmóvil alrededor de nosotros, la siento pesar en la atmósfera.

La madre de Daniel ha hecho abrir el gran comedor y encender todos los candelabros sobre la larga mesa de familia donde, en una punta, nos amontonamos, entumecidos. Pero el vino dorado, que nos sirven en copas de pesado cristal, nos entibia las venas; su calor nos va trepando por la garganta hasta las sienes.

Daniel, ligeramente achispado, promete restaurar en nuestra casa el oratorio abandonado. Al final de la comida hemos convenido que mi suegra vendrá con nosotros al campo.

Mi dolor de estos últimos días, ese dolor lancinante como una quemadura, se ha convertido en una dulce tristeza que me trae a los labios una sonrisa cansada. Cuando me levanto, debo apoyarme en mi marido. No sé por qué me siento tan débil y no sé por qué no puedo dejar de sonreír.

Por primera vez desde que estamos casados, Daniel me acomoda las almohadas. A medianoche me despierto, sofocada. Me agito largamente entre las sábanas, sin llegar a conciliar el sueño. Me ahogo. Respiro con la sensación de que me falta siempre un poco de aire para cada soplo. Salto del lecho, abro la ventana. Me inclino hacia afuera y es como si no cambiara de atmósfera. La neblina, esfumando los ángulos, tamizando los ruidos, ha comunicado a la ciudad la tibia intimidad de un cuarto cerrado.

Una idea loca se apodera de mí. Sacudo a Daniel, que entreabre los ojos.

—Me ahogo. Necesito caminar. ¿Me dejas salir?

—Haz lo que quieras —murmura, y de nuevo recuesta pesadamente la cabeza en la almohada.

Me visto. Tomo al pasar el sombrero de paja con que salí de la hacienda. El portón es menos pesado de lo que pensaba. Echo a andar, calle arriba.

La tristeza reafluye a la superficie de mi ser con toda la violencia que acumulara durante el sueño. Ando, cruzo avenidas y pienso:

—Mañana volveremos al campo. Pasado mañana iré a oír misa al pueblo, con mi suegra. Luego, durante el almuerzo, Daniel nos hablará de los trabajos de la hacienda. En seguida visitaré el invernáculo, la pajarera, el huerto. Antes de cenar, dormitaré junto a la chimenea o leeré los periódicos locales. Después de comer me divertiré en provocar pequeñas catástrofes dentro del fuego, removiendo desatinadamente las brasas. A mi alrededor, un silencio indicará muy pronto que se ha agotado todo tema de conversación y Daniel ajustará ruidosamente las barras contra las puertas. Luego nos iremos a dormir. Y pasado mañana será lo mismo, y dentro de un año, y dentro de diez; y será lo mismo hasta que la vejez me arrebate todo derecho a amar y a desear, y hasta que mi cuerpo se marchite y mi cara se aje y tenga vergüenza de mostrarme sin artificios a la luz del sol.

Vago al azar, cruzo avenidas y sigo andando.

No me siento capaz de huir. De huir, ¿cómo, adónde? La muerte me parece una aventura más accesible que la huida. De morir, sí, me siento capaz. Es muy posible desear morir porque se ama demasiado la vida.

Entre la oscuridad y la niebla vislumbro una pequeña plaza. Como en pleno campo, me apoyo extenuada contra un árbol. Mi mejilla busca la humedad de su corteza. Muy cerca, oigo una fuente desgranar una sarta de pesadas gotas.

La luz blanca de un farol, luz que la bruma transforma en baho, baña y empalidece mis manos, alarga a mis pies una silueta confusa, que es mi sombra. Y he aquí que, de pronto, veo otra sombra junto a la mía. Levanto la cabeza.

Un hombre está frente a mí, muy cerca de mí. Es joven; unos ojos muy claros en un rostro moreno y una de sus cejas levemente arqueada, prestan a su cara un aspecto casi sobrenatural. De él se desprende un vago pero envolvente calor.

Y es rápido, violento, definitivo. Comprendo que lo

esperaba y que le voy a seguir como sea, donde sea. Le echo los brazos al cuello y él entonces me besa, sin que por entre sus pestañas las pupilas luminosas cesen de mirarme.

Ando, pero ahora un desconocido me guía. Me guía hasta una calle estrecha y en pendiente. Me obliga a detenerme. Tras una verja, distingo un jardín abandonado. El desconocido desata con dificultad los nudos de una cadena enmohecida.

Dentro de la casa la oscuridad es completa, pero una mano tibia busca la mía y me incita a avanzar. No tropezamos contra ningún mueble; nuestros pasos resuenan en cuartos vacíos. Subo a tientas la larga escalera, sin que necesite apoyarme en la baranda, porque el desconocido guía aún cada uno de mis pasos. Lo sigo, me siento en su dominio, entregada a su voluntad. Al extremo de un corredor, empuja una puerta y suelta mi mano. Quedo parada en el umbral de una pieza que, de pronto, se ilumina.

Doy un paso dentro de una habitación cuyas cretonas descoloridas le comunican no sé qué encanto anticuado, no sé qué intimidad melancólica. Todo el calor de la casa parece haberse concentrado aquí. La noche y la neblina pueden aletear en vano contra los vidrios de la ventana; no conseguirán infiltrar en este cuarto un solo átomo de muerte.

Mi amigo corre las cortinas y ejerciendo con su pecho una suave presión, me hace retroceder, lentamente, hacia el lecho. Me siento desfallecer en dulce espera y, sin embargo, un singular pudor me impulsa a fingir miedo. Él entonces sonríe, pero su sonrisa, aunque tierna, es irónica. Sospecho que ningún sentimiento abriga secretos para él. Se aleja, simulando a su vez querer tranquilizarme. Quedo sola.

Oigo pasos muy leves sobre la alfombra, pasos de pies descalzos. Él está nuevamente frente a mí, desnudo. Su piel es oscura, pero un vello castaño, al cual se prende la luz de la lámpara, lo envuelve de pies a cabeza en una aureola de claridad. Tiene piernas muy largas, hombros rectos y caderas estrechas. Su frente está serena y sus brazos cuelgan inmóviles a lo largo del cuerpo. La grave sencillez de su actitud le confiere como una segunda desnudez.

Casi sin tocarme, me desata los cabellos y empieza a quitarme los vestidos. Me someto a su deseo callada y con el corazón palpitante. Una secreta aprensión me estremece cuando mis ropas refrenan la impaciencia de sus dedos. Ardo en deseos de que me descubra cuanto antes su mirada. La belleza de mi cuerpo ansía, por fin, su parte de homenaje.

Una vez desnuda, permanezco sentada al borde de la cama. Él se aparta y me contempla. Bajo su atenta mirada, echo la cabeza hacia atrás y este ademán me llena de íntimo bienestar. Anudo mis brazos tras la nuca, trenzo y destrenzo las piernas y cada gesto me trae consigo un placer intenso y completo, como si, por fin, tuvieran una razón de ser mis brazos y mi cuello y mis piernas. ¡Aunque este goce fuera la única finalidad del amor, me sentiría ya bien recompensada!

Se acerca; mi cabeza queda a la altura de su pecho, me lo tiende sonriente, oprimo a él mis labios, y apoyo en seguida la frente, la cara. Su carne huele a fruta, a vegetal. En un nuevo arranque echo mis brazos alrededor de su torso y atraigo, otra vez, su pecho contra mi mejilla.

Lo abrazo fuertemente y con todos mis sentidos escucho. Escucho nacer, volar y recaer su soplo; escucho el estallido que el corazón repite incansable en el centro del pecho y hace repercutir en las entrañas y extiende en ondas por todo el cuerpo, transformando cada célula en un eco sonoro. Lo estrecho, lo estrecho siempre con más afán; siento correr la sangre dentro de sus venas y siento trepidar la fuerza que se agazapa inactiva dentro de sus músculos; siento agitarse la burbuja de un suspiro. Entre mis brazos, toda una vida física, con su fragilidad y su misterio, bulle y se precipita. Me pongo a temblar.

Entonces él se inclina sobre mí y rodamos enlazados al hueco del lecho. Su cuerpo me cubre como una grande ola hirviente, me acaricia, me quema, me penetra, me envuelve, me arrastra desfallecida. A mi garganta sube algo así como un sollozo, y no sé por qué empiezo a quejarme, y no sé por qué me es dulce quejarme, y dulce a mi cuerpo el cansancio infligido por la preciosa carga que pesa entre mis muslos.

Cuando despierto, mi amante duerme extendido a mi lado. Es plácida la expresión de su rostro; su aliento es tan leve que debo inclinarme sobre sus labios para sentirlo. Advierto que, prendida a una finísima, casi invisible cadena, una medallita anida entre el vello castaño del pecho; una medallita trivial, de esas que los niños reciben el día de su primera comunión. Mi carne toda se enternece ante este pueril detalle. Aliso un mechón rebelde apegado a su sien, me incorporo sin despertarlo. Me visto con sigilo y me voy.

Salgo como he venido, a tientas.

Ya estoy fuera. Abro la verja. Los árboles están inmóviles y todavía no amanece. Subo corriendo la callejuela, atravieso la plaza, remonto avenidas. Un perfume muy suave me acompaña: el perfume de mi enigmático amigo. Toda yo he quedado impregnada de su aroma. Y es como si él anduviera aún a mi lado o me tuviera aún apretada en su abrazo o hubiera deshecho su vida en mi sangre, para siempre.

Y he aquí que estoy extendida al lado de otro hombre dormido.

«Daniel, no te compadezco, no te odio, deseo solamente que no sepas nunca nada de cuanto me ha ocurrido esta noche...»

¿Por qué en otoño, esa obstinación de hacer constantemente barrer las avenidas?

Yo dejaría las hojas amontonarse sobre el césped y los senderos, cubrirlo todo con su alfombra rojiza y crujiente que la humedad tornaría luego silenciosa. Trato de convencer a Daniel para que abandone un poco el jardín. Siento nostalgia de parques abandonados, donde la mala hierba borre todas las huellas y donde arbustos descuidados estrechen los caminos.

Pasan los años. Me miro al espejo y me veo, definitivamente marcadas bajo los ojos, esas pequeñas arrugas que sólo me afluían, antes, al reír. Mi seno está perdiendo su redondez y consistencia de fruto verde. La carne se me apega a los huesos y ya no parezco delgada, sino angulosa. Pero, ¡qué importa! ¡Qué importa que mi cuerpo se marchite, si conoció el amor! Y qué importa que los años pasen, todos iguales. Yo tuve una hermosa aventura, una vez... Tan sólo con un recuerdo se puede soportar una larga vida de tedio. Y hasta repetir, día a día, sin cansancio, los mezquinos gestos cotidianos.

Hay un ser que no puedo encontrar sin temblar. Lo puedo encontrar hoy, mañana o dentro de diez años. Lo puedo encontrar aquí, al final de una alameda o en la ciudad, al doblar una esquina. Tal vez nunca lo encuentre. No importa; el mundo me parece lleno de posibilidades, en cada minuto hay para mí una espera, cada minuto tiene para mí su emoción.

Noche a noche, Daniel se duerme a mi lado, indiferente como un hermano. Lo abrigo con indulgencia porque hace años, toda una larga noche, he vivido del calor de otro hombre. Me levanto, enciendo a hurtadillas una lámpara y escribo:

«He conocido el perfume de tu hombro y desde ese día soy tuya. Te deseo. Me pasaría la vida, tendida, esperando que vinieras a apretar contra mi cuerpo, tu cuerpo fuerte y conocedor del mío, como si fuera su dueño desde siempre. Me separa de tu abrazo y todo el día me persigue el recuerdo de cuando me suspendo a tu cuello y suspiro sobre tu boca».

Escribo y rompo.


Hay mañanas en que me invade una absurda alegría. Tengo el presentimiento de que una felicidad muy grande va a caer sobre mí en el espacio de veinticuatro horas. Me paso el día en una especie de exaltación. Espero. ¿Una carta, un acontecimiento imprevisto? No sé, a la verdad.

Ando, me interno monte adentro y, aunque es tarde, acorto el paso a mi vuelta. Concedo al tiempo un último plazo para el advenimiento del milagro. Entro al salón con el corazón palpitante.

Tumbado en un diván, Daniel bosteza, entre sus perros. Mi suegra está devanando una nueva madeja de lana gris. No ha venido nadie, no ha pasado nada. La amargura de la decepción no me dura sino el espacio de un segundo. Mi amor por «él» es tan grande que está por encima del dolor de la ausencia. Me basta saber que existe, que siente y recuerda en algún rincón del mundo…


La hora de la comida me parece interminable.

Mi único anhelo es estar sola para poder soñar, soñar a mis anchas. ¡Tengo siempre tanto en qué pensar! Ayer tarde, por ejemplo, dejé en suspenso una escena de celos entre mi amante y yo.

Detesto que después de cenar me soliciten para la tradicional partida de naipes. Me gusta sentarme junto al fuego y recogerme para buscar entre las brasas los ojos claros de mi amante. Bruscamente, despuntan como dos estrellas y yo permanezco entonces largo rato sumida en esa luz. Nunca como en esos momentos recuerdo con tanta nitidez la expresión de su mirada.

Hay días en que me acomete un gran cansancio y, vanamente, remuevo las cenizas de mi memoria para hacer saltar la chispa que crea la imagen. Pierdo a mi amante.

Un gran viento me lo devolvió la última vez. Un viento que derrumbó tres nogales e hizo persignarse a mi suegra, lo indujo a llamar a la puerta de la casa. Traía los cabellos revueltos y el cuello del gabán muy subido. Pero yo lo reconocí y me desplomé a sus pies. Entonces él me cargó en sus brazos y me llevó así desvanecida, en la tarde de viento... Desde aquel día no me ha vuelto a dejar.

El pálido otoño parece haber robado al estío esta ardiente mañana de sol. Busco mi sombrero de paja y no lo hallo. Lo busco primero con calma, luego, con fiebre... porque tengo miedo de hallarlo. Una gran esperanza ha nacido en mí. Suspiro, aliviada, ante la inutilidad de mis esfuerzos. Ya no hay duda posible. Lo olvidé una noche en casa de un desconocido. Una felicidad tan intensa me invade, que debo apoyar mis dos manos sobre el corazón para que no se me escape, liviano como un pájaro. Además de un abrazo, como a todos los amantes, algo nos une para siempre. Algo material, concreto, indestructible: mi sombrero de paja.

*  *  *

Estoy ojerosa y, a menudo, la casa, el parque, los bosques, empiezan a girar vertiginosamente dentro de mi cerebro y ante mis ojos.

Trato de imponerme cierto reposo, pero es sólo caminando que puedo imprimir un ritmo a mis sueños, abrirlos, hacerlos describir una curva perfecta. Cuando estoy quieta, todos ellos se quiebran las alas sin poderlas abrir.

Llega el día de nuestro décimo aniversario matrimonial. La familia se reúne en nuestra hacienda, salvo Felipe y Regina, cuya actitud es agriamente censurada.

Como para compensar la indiferencia en medio de la cual se efectuó hace años nuestro enlace, hay ahora un exceso de abrazos, de regalos y una gran comida con numerosos brindis.

En la mesa, la mirada displicente de Daniel tropieza con la mía.

Hoy he visto a mi amante. No me canso de pensarlo, de repetirlo en voz alta. Necesito escribir: hoy lo he visto, hoy lo he visto.

Sucedió este atardecer, cuando yo me bañaba en el estanque.

De costumbre permanezco allí largas horas, el cuerpo y el pensamiento a la deriva. A menudo no queda de mí, en la superficie, más que un vago remolino; yo me he hundido en un mundo misterioso donde el tiempo parece detenerse bruscamente, donde la luz pesa como una sustancia fosforescente, donde cada uno de mis movimientos adquiere sabias y felinas lentitudes y yo exploro minuciosamente los repliegues de ese antro de silencio. Recojo extrañas caracolas, cristales que al atraer a nuestro elemento se convierten en guijarros negruzcos e informes. Remuevo piedras bajo las cuales duermen o se resuelven miles de criaturas atolondradas y escurridizas.

Emergía de aquellas luminosas profundidades cuando divisé a lo lejos, entre la niebla, venir silencioso, como una aparición, un carruaje todo cerrado. Tambaleando penosamente, los caballos se abrían paso entre los árboles y la hojarasca sin provocar el menor ruido.

Sobrecogida me agarré a las ramas de un sauce y no reparando en mi desnudez suspendí medio cuerpo fuera del agua.

El carruaje avanzó lentamente, hasta arrimarse a la orilla opuesta del estanque. Una vez allí, los caballos agacharon el cuello y bebieron, sin abrir un solo círculo en la tersa superficie.

Algo muy grande para mí iba a suceder. Mi corazón y mis nervios lo presentían.

Tras la ventanilla estrecha del carruaje vi, entonces, asomarse e inclinarse, para mirarme, una cabeza de hombre. Reconocí inmediatamente los ojos claros, el rostro moreno de mi amante.

Quise llamarlo, pero mi impulso se quebró en una especie de grito ronco, indescriptible. No podía llamarlo, no sabía su nombre. Él debió ver la angustia pintada en mi semblante, pues, como para tranquilizarme, esbozó a mi intención una sonrisa, un leve ademán de la mano. Luego, reclinándose hacia atrás, desapareció de mi vista.

El carruaje echó a andar nuevamente y sin darme tan siquiera tiempo para nadar hacia la orilla, se perdió de improviso en el bosque, como si se lo hubiera tragado la niebla.

Sentí un leve golpe azotarme la cadera. Volví mi cara estupefacta. La balsa ligera, en que el hijo menor del jardinero se desliza sobre el agua, estaba inmovilizada detrás de mí.

Apretando los brazos contra mi pecho desnudo, le grité, frenética:

—¿Lo viste, Andrés, lo viste?

—Sí, señora, lo vi —asintió tranquilamente el muchacho.

—¿Me sonrió, no es verdad, Andrés, me sonrió?

—Sí, señora. Qué pálida está usted. Salga pronto del agua, no se vaya a desmayar —dijo, e imprimió vuelo a su embarcación.

Provisto de una red, continuó barriendo las hojas secas que el otoño recostaba sobre el estanque...


Vivo agobiada por la felicidad.

Ignoro cuáles serán los proyectos de mi amigo, pero estoy segura de que respira muy cerca de mí.

La aldea, el parque, los bosques, me parecen llenos de su presencia. Ando por todos lados con la convicción de que él acecha cada uno de mis pasos.

Grito: «¡Te quiero!» «¡Te deseo!», para que llegue hasta su escondrijo la voz de mi corazón y de mis sentidos.

Ayer una voz lejana respondió a la mía: «¡Amooor!» Me detuve, pero, aguzando el oído, percibí un rumor confuso de risas ahogadas. Muerta de vergüenza caí en cuenta de que los leñadores parodiaban así mi llamado.

Sin embargo —es absurdo—, en ese momento, mi amigo me pareció aún más cerca. Como si aquellos simples hubieran sido, inconscientemente, el portavoz de su pensamiento.

Dócilmente, sin desesperación, espero siempre su venida. Después de la cena, bajo al jardín para entreabrir furtivamente una de las persianas del salón. Noche a noche, si él lo desea, podrá verme sentada junto al fuego o leyendo bajo la lámpara. Podrá seguir cada uno de mis movimientos e infiltrarse, a su antojo, en mi intimidad. Yo no tengo secretos para él...

Por las tardes, salgo a la terraza a la hora en que Andrés surge en el fondo del bosque, de vuelta del trabajo.

Me estremezco al divisarlo con su red al hombro y sus pies descalzos. Se me figura que va a entregarme algún mensaje importante, al pasar. Pero, cada vez, se pierde, indiferente, entre los pinos.

Me recuesto entonces sobre los peldaños de la escalinata y me consuelo, pensando en que la llovizna que me salpica el rostro es la misma que está aleteando contra el pecho de mi amigo o resbalando por los cristales de su ventana.

A menudo, cuando todos duermen, me incorporo en el lecho y escucho. Calla súbitamente el canto de las ranas. Allá muy lejos, del corazón de la noche, oigo venir unos pasos. Los oigo aproximarse lentamente, los oigo apretar el musgo, remover las hojas secas, quebrar las ramas que le entorpecen el camino. Son los pasos de mi amante. Es la hora en que él viene a mí. Cruje la tranquera. Oigo la cabalgata enloquecida de los perros y oigo, distintamente, el murmullo que los aquieta.

Reina nuevamente el silencio y no percibo nada más.

Pero tengo la certidumbre de que mi amigo se arrima bajo mi ventana y permanece allí, velando mi sueño, hasta el amanecer.

Una vez suspiró despacito y yo no corrí a sus brazos porque aún no me ha llamado.

Ignoro por qué huye sin haberme llamado.

De vuelta del pueblo, Andrés me informa, displicentemente, de que un día vio alejarse a todo galope, camino de la ciudad, un coche todo cerrado.

Sin embargo, no sufro desaliento alguno. He vivido horas felices y ahora que ha venido, sé que volverá.


Hacía años que Daniel no me besaba y por eso no me explico cómo pudo suceder aquello.

Tal vez hubo una leve premeditación de mi parte. ¡Oh, alguien que en estos largos días de verano lograra aliviar mi tedio! Sin embargo, todo fue imprevisto y tremendo y hay un vacío en mi memoria hasta el momento en que me descubrí, entre los brazos de mi marido.

Mi cuerpo y mis besos no pudieron hacerlo temblar, pero lo hicieron, como antes, pensar en otro cuerpo y en otros labios. Como hace años, lo volví a ver tratando furiosamente de acariciar y desear mi carne y encontrando siempre el recuerdo de la muerta entre él y yo. Al abandonarse sobre mi pecho, su mejilla, inconscientemente, buscaba la tersura y los contornos de otro pecho. Besó mis manos, me besó toda, extrañando tibiezas, perfumes y asperezas familiares. Y lloró locamente, llamándola, gritándome al oído cosas absurdas que iban dirigidas a ella.

Oh, nunca, nunca, su primera mujer lo ha poseído más desgarrado, más desesperado por pertenecerle, como esta tarde. Queriendo huirla nuevamente, la ha encontrado, de pronto, casi dentro de sí.

En el lecho, yo quedé tendida y sollozante, con el pelo adherido a las sienes mojadas, muerta de desaliento y de vergüenza. No traté de moverme, ni siquiera de cubrirme. Me sentía sin valor para morir, sin valor para vivir. Mi único anhelo era postergar el momento de pensar.

Y fue para hundirme en esa miseria que traicioné a mi amante.

\* \* \*

Hace ya un tiempo que no distingo las facciones de mi amigo, que lo siento alejado. Le escribo para disipar un naciente malentendido:

«Yo nunca te he engañado. Es cierto que, durante todo el verano, entre Daniel y yo se ha vuelto a anudar con frecuencia ese feroz abrazo, hecho de tedio, perversidad y tristeza. Es cierto que hemos permanecido a menudo encerrados en nuestro cuarto hasta el anochecer, pero nunca te he engañado. Ah, si pudiera contentarte esta sola afirmación mía. Mi querido, mi torpe amante, obligándome a definir y a explicar, das carácter y cuerpo de infidelidad a un breve capricho de verano.

¿Deseas que hable a pesar de todo? Obedezco.

Un día ardiente nos tenía a mi marido y a mí, enjaulados frente a frente, llorando casi de enervamiento y de ocio. Mi segundo encuentro con Daniel fue idéntico al primero. El mismo anhelo sordo, el mismo abrazo desesperado, el mismo desengaño. Como la vez anterior, quedé tendida, humillada y jadeante.

Y entonces se produjo el milagro.

Un murmullo leve, levísimo, empezó a mecerme, mientras una delicada frescura con olor a río se infiltraba en el cuarto. Era la primera lluvia de verano.

Me sentí menos desgraciada, sin saber por qué. Una mano rozó mi hombro.

Daniel estaba de pie junto al lecho. Una sonrisa amable erraba en su semblante. Me tendía un vaso de cristal empañado y filtrando hielo.

Como yo alzara lánguidamente la cabeza, él, con insólita ternura, acuñó su brazo bajo mi nuca y por entre mis labios resecos empezó a volcarme todos los fresales del bosque diluidos en un helado jarabe.

Un gran bienestar me invadió.

Fuera crecía y se esparcía el murmullo de la lluvia, como si ésta multiplicara cada una de sus hebras de plata. Un soplo de brisa hacía palpitar las sedas de las ventanas.

Daniel volvió a extenderse a mi lado y largas horas permanecimos silenciosos, mientras lenta, lenta, se alejaba la lluvia como una bandada de pájaros húmedos.

La alcoba quedó sumida en un crepúsculo azulado en donde los espejos, brillando como aguas apretadas, hacían pensar en un reguero de claras charcas.

Cuando mi marido encendió la lámpara, en el techo, una pequeña araña, sorprendida en quién sabe qué sueños de atardecer, se escurrió para ocultarse. «Augurio de felicidad», balbucí, y volví a cerrar los ojos. Hacía meses que no me sentía envuelta en tan divina y animal felicidad.

¿Y ahora, comprendes por qué volvía a Daniel?

¿Qué me importaba su abrazo? Después venía el hecho, convertido ya en infalible rito, de darme de beber, después era el gran descanso en el amplio lecho.

Herméticamente cerradas las claras sedas de las ventanas y sumido así en una semioscuridad resplandeciente, nuestro cuarto parecía una gran carpa rosada tendida al sol, donde mi lucha contra el día se hacía sin angustia ni lágrimas de enervamiento.

Imaginaba hombres avanzando penosamente por carreteras polvorientas, soldados desplegando estrategias en llanuras cuya tierra hirviente debía resquebrarles la suela de las botas. Veía ciudades duramente castigadas por el implacable estío, ciudades de calles vacías y establecimientos cerrados, como si el alma se les hubiera escapado y no quedara de ellas sino el esqueleto, todo alquitrán, derritiéndose al sol.

Y en el momento en que sentía cierto extraño nudo retorcerse en mi garganta hasta sofocarme, la lluvia empezaba a caer. Se apoderaba entonces de mí el mismo bienestar del primer día. Me parecía sentir el agua resbalar dulcemente a lo largo de mis sienes afiebradas y sobre mi pecho repleto de sollozos.

Oh amigo adorado, ¿comprendes ahora que nunca te engañé?

Todo fue un capricho, un inofensivo capricho de verano. «¡Tú eres mi primer y único amante!»

\* \* \*

Han prendido fuego a todos los montones de hojas secas y el jardín se ha esfumado en humo, como hace años en la bruma. Esta noche no logro dormir. Salto del lecho, abro la ventana y el silencio es tan grande afuera como en nuestro cuarto cerrado. Me vuelvo a tender y entonces sueño.

Hay una cabeza reclinada sobre mi pecho, una cabeza que minuto a minuto se va haciendo más pesada, más pesada, y que me oprime hasta sofocarme. Despierto. ¿No será acaso un llamado? En una noche como ésta lo encontré... tal vez haya llegado el momento de un segundo encuentro.

Echo un abrigo sobre mis hombros. Mi marido se incorpora, medio dormido.

—¿A dónde vas?

—Me ahogo, necesito caminar... No me mires así: ¿Acaso no he salido otras veces, a esta misma hora?

—¿Tú? ¿Cuándo?

—Una noche que estuvimos en la ciudad.

—¡Estás loca! Debes haber soñado. Nunca ha sucedido algo semejante...

Temblando me aferro a él.

—No necesitas sacudirme. Estoy bien despierto. Nunca, te repito, ¡nunca!

Asegurando mi voz, trato de persuadirle:

—Recuerda. Fue una noche de niebla. Cenamos en el gran comedor, a la luz de los candelabros...

—¡Sí y bebimos tanto y tan bien que dormimos toda la noche de un tirón!

Grito: ¡No! Suplico: ¡Recuerda, recuerda!

Daniel me mira fijamente un segundo, luego me interroga con sorna:

—¿Y en tu paseo encontraste gente aquella noche?

—A un hombre —respondo provocante.

—¿Te habló?

—Sí.

—¿Recuerdas su voz?

¿Su voz? ¿Cómo era su voz? No la recuerdo. ¿Por qué no la recuerdo? Palidezco y me siento palidecer. Su voz no la recuerdo... porque no la conozco. Repaso cada minuto de aquella noche extraordinaria. He mentido a Daniel. No es verdad que aquel hombre me haya hablado...

—¿No te habló? Ya ves, era un fantasma...

Esta duda que mi marido me ha infiltrado; esta duda absurda y ¡tan grande! Vivo como con una quemadura dentro del pecho. Daniel tiene razón. Aquella noche bebí mucho, sin darme cuenta, yo que nunca bebo... Pero en el corazón de la ciudad esa plaza que yo no conocía y que existe... ¿Pude haberla concebido sólo en sueños?... ¿Y mi sombrero de paja? ¿Dónde lo perdí, entonces?

Sin embargo, ¡Dios mío! ¿Es posible que un amante no despliegue los labios, ni una vez en toda una larga nache? Tan sólo en los sueños los seres se mueven silenciosos como fantasmas.

¿Dónde está Andrés? ¡Cómo es posible que no haya pensado hasta ahora en consultarlo!

Correré en su busca, le preguntaré: «¿Andrés, tú no ves visiones jamás?» «Oh, no, señora.» «¿Recuerdas el desconocido del coche?» «Como si fuera hoy, lo recuerdo y recuerdo también que sonrió a la señora...»

No dirá más, pero me habrá salvado de esta atroz incertidumbre. Porque si hay un testigo de la existencia de mi amante, ¿quién me puede asegurar, entonces, que no es Daniel quien ha olvidado mi paseo nocturno?

—¿Dónde está Andrés? —pregunto a sus padres, que están sentados frente al pabellón en que viven.

—De mañanita salió a limpiar el estanque —me contestan.

—No lo divisé por allá —grito nerviosa—. ¡Necesito verlo pronto, pronto!

¿Dónde está Andrés? Lo llaman, lo buscan en el jardín, en el parque, en los bosques.

—Habrá ido al pueblo sin avisar. Que la señora no se impaciente. Volverá luego, el muy haragán...

Espero, espero el día entero. Andrés no vuelve del pueblo. A la mañana siguiente encuentran su chaqueta de brin sobre una balsa que flota a la deriva en el estanque.

—La red, al engancharse en algo, debe haberlo arrastrado. El infeliz no sabía nadar y...

—¿Qué dices? —interrumpo; y como Daniel me mira extrañado, me abrazo a él gritando desesperadamente—. ¡No! ¡No! ¡Tiene que vivir, tienes que buscarlo!

Se le busca, en efecto, y se extrae, dos días después, su cadáver amoratado, llenas de frías burbujas de plata las cavidades de los ojos, roídos los labios que la muerte tornó indefensos contra el agua y el tiempo.

Ante su padre que se postró sin un gemido, yo me atreví a tocarlo y a llamarlo.

Y ahora, ¿ahora cómo voy a vivir?

* * *

Noche a noche oigo a lo lejos pasar todos los trenes
Veo en seguida el amanecer infiltrar, lentamente, en el cuarto, una luz sucia y triste. Oigo las campanas del pueblo
dar todas las horas, llamar a todas las misas, desde la misa
de seis, adonde corren mi suegra y dos criadas viejas. Oigo
el aliento acompasado de Daniel y su difícil despertar.

Cuando él se incorpora en el lecho, cierro los ojos y
finjo dormir.

Durante el día no lloro. No puedo llorar. Escalofríos
me empuñan de golpe, a cada segundo, para traspasarme
de pies a cabeza con la rapidez de un relámpago. Tengo la
sensación de vivir estremecida.

¡Si pudiera enfermarme de verdad! Con todas mis fuerzas anhelo que una fiebre o algún dolor muy fuerte vengan
a interponerse algunos días entre mi duda y yo.

Y me dije: si olvidara, si olvidara todo; mi aventura,
mi amor, mi tormento. Si me resignara a vivir como antes
de mi viaje a la ciudad, tal vez recobraría la paz…

Empecé entonces a forzarme a vivir muy despacio, concentrando mi imaginación y mi espíritu en los menesteres
de cada segundo.

Vigilé, sin permitirme distracción alguna, el difícil sal-
vamento de las enredaderas, que el viento había derribado
Hice barrer las telarañas de la azotea, y mandé llamar a un
cerrajero para que forzara la chapa de un mueble, donde
muchos libros se alinean, cubiertos de polvo.

Desechando todo ensueño, rebusqué y traté de confi-
narme en los más humildes placeres, elegir caballo, seguir
al capataz en su ronda cotidiana, recoger setas junto con
mi suegra, aprender a fumar.

¡Ah! ¡Cómo hacen para olvidar las mujeres que han
roto con un amante largo tiempo querido e incorporado a
la trama ardiente de sus vidas!

Mi amor estaba allí, agazapado detrás de las cosas; todo
a mi alrededor estaba saturado de mi sentimiento, todo me
hacía tropezar contra un recuerdo. El bosque, porque du-

rante años paseé allí mi melancolía y mi ilusión; el estanque porque, desde su borde, divisé, un día, a mi amigo, mientras me bañaba; el fuego en la chimenea, porque en él surgía para mí, cada noche, su imagen.

Y no podía mirarme al espejo, porque mi cuerpo me recordaba sus caricias.

Corrí de un lado a otro para afrontarlo todo de una vez, para recibir todos los golpes en un solo día y fui a caer después, jadeante, sobre el lecho.

Pero a nada conseguí despojar de su poder de herirme. Había en las cosas como un veneno que no terminaba de agotarse.

Mi amor estaba también, agazapado, detrás de cada uno de mis movimientos. Como antes, extendía a menudo los brazos para estrechar a un ser invisible. Me levantaba medio dormida para escribir y, con la pluma en la mano, recordaba, de pronto, que mi amante había muerto.

—¿Cuánto, cuánto tiempo necesitaré para que todos estos reflejos se borren, sean reemplazados por otros reflejos?

A veces, cuando llego a distraerme unos minutos, siento, de repente, que voy a recordar. La sola idea del dolor por venir me aprieta el corazón. Y junto mis fuerzas para resistir su embestida, pero el dolor llega, y me muerde, y entonces grito, grito despacio para que nadie oiga. Soy una enferma avergonzada de su mal.

¡Oh, no! ¡Yo no puedo olvidar!

Y si llegara a olvidar, ¿cómo haría entonces para vivir?

Bien sé ahora que los seres, las cosas, los días, no me son soportables sino vistos a través del estado de vida que me crea mi pasión.

Mi amante es para mí más que un amor, es mi razón de ser, mi ayer, mi hoy, mi mañana.

La noticia llega una madrugada, por intermedio de un telegrama que mi marido sacude, febril, ante mis ojos. Mientras pugno por rechazar el aturdimiento de un sueño bruscamente interrumpido, Daniel corre, azorado, a golpear, sin miramiento, el cuarto de su madre. Transcurridos algunos segundos, comprendo. Regina está en peligro de muerte. Debemos salir sin tardanza para la ciudad. Me incorporo en el lecho, llena de alegría, de una alegría casi feroz. Ir a la ciudad, he ahí la solución de todas mis angustias. Recorrer sus calles, buscar la casa misteriosa, divisar al desconocido, hablarle y tal vez, tal vez... pero en aquello soñaré más tarde. No hay que agotar tanta felicidad de un golpe. Ya tengo suficiente como para saltar ágilmente del lecho.

Recuerdo que la causa de mi alegría es también una desgracia. Grave y ausente doy órdenes y arreglo el equipaje.

En el tren pregunto el porqué del estado de Regina. Se me mira con extrañeza, con indignación: —¿En qué estoy pensando siempre? ¿Aún no me he impuesto de que lo que agrava la inquietud de todos es, justamente, la vaguedad de la noticia? Es muy posible que se nos haya informado de esa manera sólo para no alarmarnos. Podría ser que Regina estuviera ya... A la verdad, mi distracción raya casi en la locura.

No contesto, y, durante todo el trayecto, contengo, a duras penas, la sonrisa de esperanza que se obstina en prestar a mi rostro una animación insólita.


En la sala de la clínica, de pie, taciturnos y con los ojos fijos en la puerta, Daniel, la madre y yo, formamos un grupo siniestro. La mañana es fría y brumosa. Tenemos los miembros entumecidos y el corazón apretado de angustia como entumecido también.

Si no fuera por un olor a éter y a desinfectante, me

creería en el locutorio del convento en que me eduqué. He aquí el mismo impersonal y odioso moblaje, las mismas ventanas, altas y desnudas, dando sobre el mismo parque barroso que tanto odié.

La puerta se abre. Es Felipe. No está pálido, ni desgreñado, ni tiene los párpados hinchados ni las ojeras del que ha llorado. No. Le pasa algo peor que todo eso. Lleva en la cara una expresión indefinible que es trágica, pero que no se adivina a qué sentimiento responde. La voz es fría, opaca:

—Se ha pegado un tiro. Puede que viva.

Un gemido, luego una pausa. La madre se ha arrojado al cuello de su hijo y solloza convulsivamente.

—¡Pobre, pobre Felipe!

Con gesto de sonámbulo, el hijo la sostiene, sin inmutarse, como si estuviera compadeciendo a otro... Daniel se oprime la frente.

—La trajeron de casa de su amante —me dice en voz baja.

Lo miro y desdeño en pensamiento sus mezquinas reacciones. Orgullo herido, sentido del decoro.

Sé que la piedad es el sentimiento adecuado a la situación, pero yo tampoco la siento. Inquieta, doy un paso hacia la ventana y apoyo la frente contra los cristales empañados de neblina. Trato de hacer palpitar mi corazón endurecido.

¡Regina! Semanas de lucha, de gestos desesperados e inútiles, largas noches durante las cuales el pensamiento se retuerce enloquecido; evasiones dentro del sueño rescatadas por despertares cruelmente lúcidos, fueron acorralándola hasta este último gesto.

Regina supo del dolor cuya quemadura no se puede soportar; del dolor dentro del cual no se aguarda el momento infalible del olvido, porque, de pronto, no es posible mirarlo frente a frente, un día más.

Comprendo, comprendo y, sin embargo, no llego a conmoverme. ¡Egoísta, egoísta!, me digo, pero algo en mí rechaza el improperio. En realidad, no me siento culpable de no conmoverme. ¿No soy yo, acaso, más miserable que Regina?

Tras el gesto de Regina hay un sentimiento intenso, toda una vida de pasión. Tan sólo un recuerdo mantiene mi vida, un recuerdo cuya llama debo alimentar día a día para que no se apague. Un recuerdo tan vago y tan lejano, que me parece casi una ficción. La desgracia de Regina: una llaga consecuencia de un amor, de un verdadero amor, de ese amor hecho de años, de cartas, de caricias, de rencores, de lágrimas, de engaños. Por primera vez me digo que soy desdichada, que he sido siempre, horrible y totalmente desdichada.

¿Son míos estos sollozos cortos y monótonos, estos sollozos ridículos como un hipo, que siembran, de repente, el desconcierto?

Se me acuesta en un sofá. Se me hace beber a sorbos un líquido muy amargo. Alguien me da golpecitos condescendientes en la espalda, que me exasperan, mientras un señor, de aspecto grave me habla cariñoso y bajo, como a una enferma.

Pero no lo escucho, y cuando me levanto ya he tomado una resolución.

La fiebre me abrasa las sienes y me seca la garganta. En medio de la neblina, que lo inmaterializa todo, el ruido sordo de mis pasos que me daba primero cierta seguridad empieza ahora a molestarme y a angustiarme. Sufro la impresión de que alguien viene siguiéndome, implacable, con una orden secreta.

Busco una casa de persianas cerradas, de rejas enmohecidas. ¡Esta neblina! ¡Si una ráfaga de viento hubiera podido descorrerla, como un velo, tan sólo esta tarde, ya habría encontrado, tras dos árboles retorcidos y secos, la fachada que busco desde hace más de dos horas! Recuerdo que se encuentra en una calle estrecha y en pendiente, entre cuyas baldosas desparejas crece el musgo. Recuerdo, también, que se halla muy cerca de la plazoleta donde el desconocido me tomó de la mano...

Pero esa misma plazoleta, tampoco la encuentro. Creo haber hecho el recorrido exacto que emprendí, hace años, y, sin embargo, doy vueltas y vueltas sin resultado alguno. La niebla, con su barrera de humo, prohíbe toda visión directa de los seres y de las cosas, incita a aislarse dentro de sí mismo. Se me figura estar corriendo por calles vacías.

En medio de tanto silencio mis pasos se me antojan, de pronto, un ruido insoportable, el único ruido en el mundo, un ruido cuya regularidad parece consciente y que debe cobrar, en otros planetas, resonancias misteriosas.

Me dejo caer sobre un banco para que se haga, por fin, el silencio en el universo y dentro de mí. Ahora, mi cuerpo entero arde como una brasa.

Detrás de mí, tal un poderoso aliento, una frescura insólita me penetra la nuca, los hombros. Me vuelvo. Vislumbro árboles en la neblina. Estoy sentada al borde de una plazoleta cuyo surtidor se ha callado, pero cuyos verdes senderos respiran una olorosa humedad.

Sin un grito, me pongo de pie y corro. Tomo la primera calle a la derecha, doblo una esquina y diviso los dos árboles de gruesas ramas convulsas, la oscura pátina de una alta fachada.

Estoy frente a la casa de mi amante. Las persianas continúan cerradas. Él no llegará sino al anochecer. Pero yo quiero saborear el placer de saberme ante su casa. Contemplo, gozosa, el jardín abandonado. Me aprieto a las frías rejas para sentirlas muy sólidas contra mi carne. ¡No fue un sueño, no!

Sacudo la verja y ésta se abre, rechinando. Noto que no la aseguran ya sus viejas cadenas. Me invade una repentina inquietud. Subo corriendo la escalinata, me paro frente a la mampara y oprimo un botón oxidado. Un sonido de timbre lejano responde a mi gesto. Transcurren varios minutos. Resuelta ya a marcharme, espero un segundo más, no sé por qué. Me acomete una especie de vértigo. La puerta se ha abierto.

Un criado me invita a pasar, con la mirada. Aturdida, doy un paso hacia adentro. Me encuentro en un hall donde una inmensa galería de cristales abre sobre un patio florido. Aunque la luz no es cruda, entorno los ojos, penosamente deslumbrada. ¿No esperaba acaso sumirme en la penumbra?

—Avisaré a la señora —insinúa el criado y se aleja.

¿La señora? ¿Qué señora? Paseo una mirada a mi alrededor. ¿Y esta casa, qué tiene que ver con la de mis sueños? Hay muebles de mal gusto, telas chillonas, y en un rincón cuelga, de una percha, una jaula con dos canarios. En las paredes, retratos de gente convencional. Ni un solo retrato en cuya imagen pueda identificar a mi desconocido.

Un gemido lejano desgarra el silencio, un gemido tranquilo, un gemido prolongado que parece venir del piso superior. Me inunda una súbita dulzura. Para orientarme, cierro los ojos y, como en aquella lejana noche de amor, subo, a tientas, una escalera que noto ahora alfombrada. Ando a lo largo de estrechos corredores, voy hacia el gemido que me llama siempre. Lo siento cada vez más cerca. Empujo una última puerta y miro.

¿Dónde la suavidad del gran lecho y la melancolía de las viejas cretonas? Las paredes están tapizadas de libros y de mapas. Bajo una lámpara, y parado frente a un atril, hay un niño estudiando violín.

Al pie de la escalera, el criado me espera, respetuoso.

—La señora no está.

—¿Y su marido? —pregunto, de súbito.

Una voz glacial me contesta:

—¿El señor? Falleció hace más de quince años.

—¡Cómo!

—Era ciego. Resbaló en la escalera. Lo encontramos muerto...

Me voy, huyo.

Con la vaga esperanza de haberme equivocado de calle, de casa, continúo errando por una ciudad fantasma. Doy vueltas y más vueltas. Quisiera seguir buscando, pero ya ha anochecido y no distingo nada. Además, ¿para qué luchar? Era mi destino. La casa, y mi amor, y mi aventura, todo se ha desvanecido en la niebla; algo así como una garra ardiente me toma, de pronto, por la nuca; recuerdo que tengo fiebre.

De nuevo este singular olor a hospital. Daniel y yo cruzamos puertas abiertas a pequeños antros oscuros donde formas confusas suspiran y se agitan.

—Dicen que ha perdido mucha sangre —pienso, mientras una enfermera nos introduce al cuarto donde una mujer está postrada en un catre de hierro blanco.

Regina está tan fea que parece otra. Algunos mechones muy lacios, y como impregnados de sudor, le cuelgan hasta la mitad del cuello. Le han cortado el pelo. Se le transparentan las aletas de la nariz y, sobre la sábana, yace inmóvil una mano extrañamente crispada.

Me acerco. Regina tiene los ojos entornados y respira con dificultad. Como para acariciarla, toco su mano descarnada. Me arrepiento casi en seguida de mi ademán porque, a este leve contacto, ella revuelca la cabeza de un lado a otro de la almohada emitiendo un largo quejido. Se incorpora de pronto, pero recae pesadamente y se desata entonces en un llanto desesperado. Llama a su amante, le grita palabras de una desgarradora ternura. Lo insulta, lo amenaza y lo vuelve a llamar. Suplica que la dejen morir, suplica que la hagan vivir para poder verlo, suplica que no lo dejen entrar mientras ella tenga olor a éter y a sangre. Y vuelve a prorrumpir en llanto.

A mi alrededor murmuran que vive así, en continua exaltación, desde el momento fatal en que...

El corazón me da un vuelco. Veo a Regina desplomándose sobre un gran lecho todavía tibio. Me la imagino aferrada a un hombre y temiendo caer en ese vacío que se está abriendo bajo ella y en el cual soberbiamente decidió precipitarse. Mientras la izaban al carro ambulancia, boca arriba en su camilla, debió ver oscilar en el cielo todas las estrellas de esa noche de otoño. Vislumbro en las manos del amante, enloquecido de terror, dos trenzas que de un tijeretazo han desprendido, empapadas de sangre.

Y siento, de pronto, que odio a Regina, que envidio su dolor, su trágica aventura y hasta su posible muerte. Me acometen furiosos deseos de acercarme y sacudirla duramente, preguntándole de qué se queja, ¡ella, que lo ha tenido todo! Amor, vértigo y abandono.

En el preciso instante en que voy saliendo, una ambulancia entra al hospital. Me aprieto contra la pared, para dejarla pasar mientras algunas voces resuenan bajo la bóveda del portón... «Un muchacho, lo arrolló un automóvil...»

El hecho de lanzarse bajo las ruedas de un vehículo requiere una especie de inconsciencia. Cerraré los ojos y trataré de no pensar durante un segundo.


Dos manos que me parecen brutales me atraen vigorosamente hacia atrás. Una tromba de viento y de estrépito se escurre delante de mí. Tambaleo y me apoyo contra el pecho del imprudente que ha creído salvarme.

Aturdida, levanto la cabeza. Entreveo la cara roja y marchita de un extraño. Luego me aparto violentamente, porque reconozco a mi marido. Hace años que lo miraba sin verlo. ¡Qué viejo lo encuentro, de pronto! ¿Es posible que sea yo la compañera de este hombre maduro? Recuerdo, sin embargo, que éramos de la misma edad cuando nos casamos.

Me asalta la visión de mi cuerpo desnudo, y extendido sobre una mesa en la Morgue. Carnes mustias y pegadas a un estrecho esqueleto, un vientre sumido entre las caderas... El suicidio de una mujer casi vieja, qué cosa repugnante e inútil. ¿Mi vida no es acaso ya el comienzo de la muerte? Morir para rehuir ¿qué nuevas decepciones? ¿Qué nuevos dolores? Hace algunos años hubiera sido, tal vez, razonable destruir, en un solo impulso de rebeldía, todas las fuerzas en mí acumuladas, para no verlas consumirse, inactivas. Pero un destino implacable me ha robado hasta el derecho de buscar la muerte, me ha ido acorralando lentamente, insensiblemente, a una vejez sin fervores, sin recuerdos... sin pasado.

Daniel me toma del brazo y echa a andar con la mayor naturalidad. Parece no haber dado ninguna importancia al incidente. Recuerdo la noche de nuestra boda... A su vez, él finge, ahora, una absoluta ignorancia de mi dolor. Tal vez sea mejor, pienso, y lo sigo.

Lo sigo para llevar a cabo una infinidad de pequeños menesteres; para cumplir con una infinidad de frivolidades amenas; para llorar por costumbre y sonreír por deber. Lo sigo para vivir correctamente, para morir correctamente, algún día.

Alrededor de nosotros, la niebla presta a las cosas un carácter de inmovilidad definitiva.

# EL ÁRBOL

*A Nina Anguita, gran artista, mágica amiga que supo dar vida y realidad a mi árbol imaginado, dedico el cuento que, sin saber, escribí para ella mucho antes de conocerla.*

El pianista se sienta, tose por prejuicio y se concentra un instante. Las luces en racimo que alumbran la sala declinan lentamente hasta detenerse en un resplandor mortecino de brasa, al tiempo que una frase musical comienza a subir en el silencio, a desenvolverse, clara, estrecha y juiciosamente caprichosa.

«Mozart, tal vez», piensa Brígida. Como de costumbre se ha olvidado de pedir el programa. «Mozart, tal vez, o Scarlatti...» ¡Sabía tan poca música! Y no era porque no tuviese oído ni afición. De niña fue ella quien reclamó lecciones de piano; nadie necesitó imponérselas, como a sus hermanas. Sus hermanas, sin embargo, tocaban ahora correctamente y descifraban a primera vista, en tanto que ella... Ella había abandonado los estudios al año de iniciarlos. La razón de su inconsecuencia era tan sencilla como vergonzosa: jamás había conseguido aprender la llave de Fa, jamás. «No comprendo, no me alcanza la memoria más que para la llave de Sol.» ¡La indignación de su padre! «¡A cualquiera le doy esta carga de un infeliz viudo con varias hijas que educar! ¡Pobre Carmen! Seguramente habría sufrido por Brígida. Es retardada esta criatura.»

Brígida era la menor de seis niñas todas diferentes de carácter. Cuando el padre llegaba por fin a su sexta hija, lo hacía tan perplejo y agotado por las cinco primeras que prefería simplificarse el día declarándola retardada. «No voy a luchar más, es inútil. Déjenla. Si no quiere estudiar, que no estudie. Si le gusta pasarse en la cocina, oyendo cuentos de ánimas, allá ella. Si le gustan las muñecas a los dieciséis años, que juegue.» Y Brígida había conservado sus muñecas y permanecido totalmente ignorante.

¡Qué agradable es ser ignorante! ¡No saber exactamente quién fue Mozart, desconocer sus orígenes, sus influencias, las particularidades de su técnica! Dejarse solamente llevar por él de la mano, como ahora.

Y Mozart la lleva, en efecto. La lleva por un puente suspendido sobre un agua cristalina que corre en un lecho de arena rosada. Ella está vestida de blanco, con un quitasol de encaje, complicado y fino como una telaraña, abierto sobre el hombro.

—Estás cada día más joven, Brígida. Ayer encontré a tu marido, a tu ex marido, quiero decir. Tiene todo el pelo blanco.

Pero ella no contesta, no se detiene, sigue cruzando el puente que Mozart le ha tendido hacia el jardín de sus años juveniles.

Altos surtidores en los que el agua canta. Sus dieciocho años, sus trenzas castañas que desatadas le llegaban hasta los tobillos, su tez dorada, sus ojos oscuros tan abiertos y como interrogantes. Una pequeña boca de labios carnosos, una sonrisa dulce y el cuerpo más liviano y gracioso del mundo. ¿En qué pensaba, sentada al borde de la fuente? En nada. «Es tan tonta como linda», decían. Pero a ella nunca le importó ser tonta ni «planchar» en los bailes. Una a una iban pidiendo en matrimonio a sus hermanas. A ella no la pedía nadie.

¡Mozart! Ahora le brinda una escalera de mármol azul por donde ella baja entre una doble fila de lirios de hielo. Y ahora le abre una verja de barrotes con puntas doradas para que ella pueda echarse al cuello de Luis, el amigo íntimo de su padre. Desde muy niña, cuando todos la abandonaban, corría hacia Luis. Él la alzaba y ella le rodeaba el cuello con los brazos, entre risas que eran como pequeños gorjeos y besos que le disparaba aturdidamente sobre los ojos, la frente y el pelo ya entonces canoso (¿es que nunca había sido joven?) como una lluvia desordenada. «Eres un collar —le decía Luis—. Eres como un collar de pájaros.»

Por eso se había casado con él. Porque al lado de aquel hombre solemne y taciturno no se sentía culpable de ser tal cual era: tonta, juguetona y perezosa. Sí, ahora que han pasado tantos años comprende que no se había casado con Luis por amor; sin embargo, no atina a comprender por qué, por qué se marchó ella un día, de pronto...

Pero he aquí que Mozart la toma nerviosamente de la mano y, arrastrándola en un ritmo segundo a segundo más apremiante, la obliga a cruzar el jardín en sentido inverso, a retomar el puente en una carrera que es casi una huida. Y luego de haberla despojado del quitasol y de la falda transparente, le cierra la puerta de su pasado con un acorde dulce y firme a la vez, y la deja en una sala de conciertos, vestida de negro, aplaudiendo maquinalmente en tanto crece la llama de las luces artificiales.

De nuevo la penumbra y de nuevo el silencio precursor.

Y ahora Beethoven empieza a remover el oleaje tibio de sus notas bajo una luna de primavera. ¡Qué lejos se ha retirado el mar! Brígida se interna playa adentro hacia el mar contraído allá lejos, refulgente y manso, pero entonces el mar se levanta, crece tranquilo, viene a su encuentro, la envuelve, y con suaves olas la va empujando, empujando por la espalda hasta hacerle recostar la mejilla sobre el cuerpo de un hombre. Y se aleja, dejándola olvidada sobre el pecho de Luis.

—No tienes corazón, no tienes corazón —solía decirle a Luis. Latía tan adentro el corazón de su marido que no pudo oírlo sino rara vez y de modo inesperado—. Nunca estás conmigo cuando estás a mi lado —protestaba en la alcoba, cuando antes de dormirse él abría ritualmente los periódicos de la tarde—. ¿Por qué te has casado conmigo?

—Porque tienes ojos de venadito asustado —contestaba él y la besaba. Y ella, súbitamente alegre, recibía orgullosa sobre su hombro el peso de su cabeza cana. ¡Oh, ese pelo plateado y brillante de Luis!

—Luis, nunca me has contado de qué color era exactamente tu pelo cuando eras chico, y nunca me has contado tampoco lo que dijo tu madre cuando te empezaron a salir canas a los quince años. ¿Qué dijo? ¿Se rió? ¿Lloró? ¿Y tú estabas orgulloso o tenías vergüenza? Y en el colegio, tus compañeros, ¿qué decían? Cuéntame, Luis, cuéntame...

—Mañana te contaré. Tengo sueño, Brígida, estoy muy cansado. Apaga la luz.

Inconscientemente él se apartaba de ella para dormir, y ella inconscientemente, durante la noche entera, perseguía el hombro de su marido, buscaba su aliento, trataba de vivir bajo su aliento, como una planta encerrada y sedienta que alarga sus ramas en busca de un clima propicio.

Por las mañanas, cuando la mucama abría las persianas, Luis ya no estaba a su lado. Se había levantado sigiloso y sin darle los buenos días, por temor al collar de pájaros que se obstinaba en retenerlo fuertemente por los hombros. «Cinco minutos, cinco minutos nada más. Tu estudio no va a desaparecer porque te quedes cinco minutos más conmigo, Luis.»

Sus despertares. ¡Ah, qué tristes sus despertares! Pero —era curioso— apenas pasaba a su cuarto de vestir, su tristeza se disipaba como por encanto.

Un oleaje bulle, bulle muy lejano, murmura como un mar de hojas. ¿Es Beethoven? No.

Es el árbol pegado a la ventana del cuarto de vestir. Le bastaba entrar para que sintiese circular en ella una gran sensación bienhechora. ¡Qué calor hacía siempre en el dormitorio por las mañanas! ¡Y qué luz cruda! Aquí, en cambio, en el cuarto de vestir, hasta la vista descansaba, se refrescaba. Las cretonas desvaídas, el árbol que desenvolvía sombras como de agua agitada y fría por las paredes, los espejos que doblaban el follaje y se ahuecaban en un bosque infinito y verde. ¡Qué agradable era ese cuarto! Parecía un mundo sumido en un acuario. ¡Cómo parloteaba ese inmenso gomero! Todos los pájaros del barrio venían a refugiarse en él. Era el único árbol de aquella estrecha calle en pendiente que, desde un costado de la ciudad, se despeñaba directamente al río.

—«Estoy ocupado. No puedo acompañarte... Tengo mucho que hacer, no alcanzo a llegar para el almuerzo... Hola, sí, estoy en el club. Un compromiso. Come y acuéstate... No. No sé. Más vale que no me esperes, Brígida.»

—¡Si tuviera amigas! —suspiraba ella. Pero todo el mundo se aburría con ella. ¡Si tratara de ser un poco menos tonta! ¿Pero cómo ganar de un tirón tanto terreno perdido? Para ser inteligente hay que empezar desde chica, ¿no es verdad?

A sus hermanas, sin embargo, los maridos las llevaban a todas partes, pero Luis —¿por qué no había de confesárselo a sí misma?— se avergonzaba de ella, de su ignorancia, de su timidez y hasta de sus dieciocho años. ¿No le había pedido acaso que dijera que tenía por lo menos veintiuno, como si su extrema juventud fuera en ellos una tara secreta?

Y de noche, ¡qué cansado se acostaba siempre! Nunca la escuchaba del todo. Le sonreía, eso sí, le sonreía con una sonrisa que ella sabía maquinal. La colmaba de caricias de las que él estaba ausente. ¿Por qué se había casado con ella? Para continuar una costumbre, tal vez para estrechar la vieja relación de amistad con su padre.

Tal vez la vida consistía para los hombres en una serie de costumbres consentidas y continuas. Si alguna llegaba a quebrarse, probablemente se producía el desbarajuste, el fracaso. Y los hombres empezaban entonces a errar por las calles de la ciudad, a sentarse en los bancos de las plazas, cada día peor vestidos y con la barba más crecida. La vida de Luis, por lo tanto, consistía en llenar con una ocupación cada minuto del día. ¡Cómo no haberlo comprendido antes! Su padre tenía razón al declararla retardada.

—Me gustaría ver nevar alguna vez, Luis.

—Este verano te llevaré a Europa y como allá es invierno podrás ver nevar.

—Ya sé que es invierno en Europa cuando aquí es verano. ¡Tan ignorante no soy!

A veces, como para despertarlo al arrebato del verdadero amor, ella se echaba sobre su marido y lo cubría de besos, llorando, llamándolo:

—Luis, Luis, Luis...

—¿Qué? ¿Qué te pasa? ¿Qué quieres?

—Nada.

—¿Por qué me llamas de ese modo, entonces?

—Por nada, por llamarte. Me gusta llamarte.

Y él sonreía, acogiendo con benevolencia aquel nuevo juego.

Llegó el verano, su primer verano de casada. Nuevas ocupaciones impidieron a Luis ofrecerle el viaje prometido.

—Brígida, el calor va a ser tremendo este verano en Buenos Aires. ¿Por qué no te vas a la estancia con tu padre?

—¿Sola?

—Yo iría a verte todas las semanas, de sábado a lunes.

Ella se había sentado en la cama, dispuesta a insultar. Pero en vano buscó palabras hirientes que gritarle. No sabía nada, nada. Ni siquiera insultar.

—¿Qué te pasa? ¿En qué piensas, Brígida?

Por primera vez Luis había vuelto sobre sus pasos y se inclinaba sobre ella, inquieto, dejando pasar la hora de llegada a su despacho.

—Tengo sueño... —había replicado Brígida puerilmente, mientras escondía la cara en las almohadas.

Por primera vez él la había llamado desde el club a la

hora del almuerzo. Pero ella había rehusado salir al teléfono, esgrimiendo rabiosamente el arma aquella que había encontrado sin pensarlo: el silencio.

Esa misma noche comía frente a su marido sin levantar la vista, contraídos todos sus nervios.

—¿Todavía estás enojada, Brígida?

Pero ella no quebró el silencio.

—Bien sabes que te quiero, collar de pájaros. Pero no puedo estar contigo a toda hora. Soy un hombre muy ocupado. Se llega a mi edad hecho un esclavo de mil compromisos.

...

—¿Quieres que salgamos esta noche?...

...

—¿No quieres? Paciencia. Dime, ¿llamó Roberto desde Montevideo?

...

—¡Qué lindo traje! ¿Es nuevo?

...

—¿Es nuevo, Brígida? Contesta, contéstame...

Pero ella tampoco esta vez quebró el silencio.

Y en seguida lo inesperado, lo asombroso, lo absurdo. Luis que se levanta de su asiento, tira violentamente la servilleta sobre la mesa y se va de la casa dando portazos.

Ella se había levantado a su vez, atónita, temblando de indignación por tanta injusticia. «Y yo, y yo —murmura desorientada—, yo que durante casi un año... cuando por primera vez me permito un reproche... ¡Ah, me voy, me voy esta misma noche! No volveré a pisar nunca más esta casa...» Y abría con furia los armarios de su cuarto de vestir, tiraba desatinadamente la ropa al suelo.

Fue entonces cuando alguien o algo golpeó en los cristales de la ventana.

Había corrido, no supo cómo ni con qué insólita valentía, hacia la ventana. La había abierto. Era el árbol, el gomero que un gran soplo de viento agitaba, el que golpeaba con sus ramas los vidrios, el que la requería desde afuera como para que lo viera retorcerse hecho una impetuosa llamarada negra bajo el cielo encendido de aquella noche de verano.

Un pesado aguacero no tardaría en rebotar contra sus frías hojas. ¡Qué delicia! Durante toda la noche, ella podría oír la lluvia azotar, escurrirse por las hojas del gomero como por los canales de mil goteras fantasiosas. Durante toda la noche oiría crujir y gemir el viejo tronco del gomero contándole de la intemperie, mientras ella se acurrucaría, voluntariamente friolenta, entre las sábanas del amplio lecho, muy cerca de Luis.

Puñados de perlas que llueven a chorros sobre un techo de plata. Chopin. *Estudios* de Federico Chopin.

¿Durante cuántas semanas se despertó de pronto, muy temprano, apenas sentía que su marido, ahora también él obstinadamente callado, se había escurrido del lecho?

El cuarto de vestir: la ventana abierta de par en par, un olor a río y a pasto flotando en aquel cuarto bienhechor, y los espejos velados por un halo de neblina.

Chopin y la lluvia que resbala por las hojas del gomero con ruido de cascada secreta, y parece empapar hasta las rosas de las cretonas, se entremezclan en su agitada nostalgia.

¿Qué hacer en verano cuando llueve tanto? ¿Quedarse el día entero en el cuarto fingiendo una convalecencia o una tristeza? Luis había entrado tímidamente una tarde. Se había sentado muy tieso. Hubo un silencio.

—Brígida, ¿entonces es cierto? ¿Ya no me quieres?

Ella se había alegrado de golpe, estúpidamente. Puede que hubiera gritado: «No, no; te quiero, Luis, te quiero», si él le hubiera dado tiempo, si no hubiese agregado, casi de inmediato, con su calma habitual:

—En todo caso, no creo que nos convenga separarnos, Brígida. Hay que pensarlo mucho.

En ella los impulsos se abatieron tan bruscamente como se habían precipitado. ¡A qué exaltarse inútilmente! Luis la quería con ternura y medida; si alguna vez llegara a odiarla la odiaría con justicia y prudencia. Y eso era la vida. Se acercó a la ventana, apoyó la frente contra el vidrio glacial. Allí estaba el gomero recibiendo serenamente la lluvia que lo golpeaba, tranquilo y regular. El cuarto se inmovilizaba en la penumbra, ordenado y silencioso. Todo parecía detenerse, eterno y muy noble. Eso era la vida. Y había cierta grandeza en aceptarla así, mediocre, como algo definitivo, irremediable. Mientras del fondo de las cosas parecía brotar y subir una melodía de palabras graves y lentas que ella se quedó escuchando: «Siempre.» «Nunca»...

Y así pasan las horas, los días y los años. ¡Siempre! ¡Nunca! ¡La vida, la vida!

Al recobrarse cayó en cuenta que su marido se había escurrido del cuarto.

¡Siempre! ¡Nunca!... Y la lluvia, secreta e igual, aún continuaba susurrando en Chopin.


El verano deshojaba su ardiente calendario. Caían páginas luminosas y enceguecedoras como espadas de oro, y páginas de una humedad malsana como el aliento de los pantanos; caían páginas de furiosa y breve tormenta, y páginas de viento caluroso, del viento que trae el «clavel del aire» y lo cuelga del inmenso gomero.

Algunos niños solían jugar al escondite entre las enormes raíces convulsas que levantaban las baldosas de la acera, y el árbol se llenaba de risas y de cuchicheos. Entonces ella se asomaba a la ventana y golpeaba las manos; los niños se dispersaban asustados, sin reparar en su sonrisa de niña que a su vez desea participar en el juego.

Solitaria, permanecía largo rato acodada en la ventana mirando el oscilar del follaje —siempre corría alguna brisa en aquella calle que se despeñaba directamente hasta el río— y era como hundir la mirada en un agua movediza o en el fuego inquieto de una chimenea. Una podía pasarse así las horas muertas, vacía de todo pensamiento, atontada de bienestar.

Apenas el cuarto empezaba a llenarse del humo del crepúsculo ella encendía la primera lámpara, y la primera lámpara resplandecía en los espejos, se multiplicaba como una luciérnaga deseosa de precipitar la noche.

Y noche a noche dormitaba junto a su marido, sufriendo por rachas. Pero cuando su dolor se condensaba hasta herirla como un puntazo, cuando la asediaba un deseo demasiado imperioso de despertar a Luis para pegarle o acariciarlo, se escurría de puntillas hacia el cuarto de vestir y abría la ventana. El cuarto se llenaba instantáneamente de discretos ruidos y discretas presencias, de pisadas misteriosas, de aleteos, de sutiles chasquidos vegetales, del dulce gemido de un grillo escondido bajo la corteza del gomero sumido en las estrellas de una calurosa noche estival.

Su fiebre decaía a medida que sus pies desnudos se iban helando poco a poco sobre la estera. No sabía por qué le era tan fácil sufrir en aquel cuarto.


Melancolía de Chopin engranando un estudio tras otro, engranando una melancolía tras otra, imperturbable.

Y vino el otoño. Las hojas secas revoloteaban un instante antes de rodar sobre el césped del estrecho jardín, sobre la acera de la calle en pendiente. Las hojas se desprendían y caían... La cima del gomero permanecía verde, pero por debajo el árbol enrojecía, se ensombrecía como el forro gastado de una suntuosa capa de baile. Y el cuarto parecía ahora sumido en una copa de oro triste.

Echada sobre el diván, ella esperaba pacientemente la hora de la cena, la llegada improbable de Luis. Había vuelto a hablarle, había vuelto a ser su mujer, sin entusiasmo y sin ira. Ya no lo quería. Pero ya no sufría. Por el contrario, se había apoderado de ella una inesperada sensación de plenitud, de placidez. Ya nadie ni nada podría herirla. Puede que la verdadera felicidad esté en la convicción de que se ha perdido irremediablemente la felicidad. Entonces empezamos a movernos por la vida sin esperanzas ni miedos, capaces de gozar por fin todos los pequeños goces, que son los más perdurables.

Un estruendo feroz, luego una llamarada blanca que la echa hacia atrás toda temblorosa.

¿Es el entreacto? No. Es el gomero, ella lo sabe.

Lo habían abatido de un solo hachazo. Ella no pudo oír los trabajos que empezaron muy de mañana. «Las raíces levantaban las baldosas de la acera y entonces, naturalmente, la comisión de vecinos...»

Encandilada se ha llevado las manos a los ojos. Cuando recobra la vista se incorpora y mira a su alrededor. ¿Qué mira?

¿La sala de concierto bruscamente iluminada, la gente que se dispersa?

No. Ha quedado aprisionada en las redes de su pasado, no puede salir del cuarto de vestir. De su cuarto de vestir invadido por una luz blanca aterradora. Era como si hubieran arrancado el techo de cuajo; una luz cruda entraba por todos lados, se le metía por los poros, la quemaba de frío. Y todo lo veía a la luz de esa fría luz. Luis, su cara arrugada, sus manos que surcan gruesas venas desteñidas, y las cretonas de colores chillones.

Despavorida ha corrido hacia la ventana. La ventana abre ahora directamente sobre una calle estrecha, tan estrecha que su cuarto se estrella casi contra la fachada de un rascacielos deslumbrante. En la planta baja, vidrieras y más vidrieras llenas de frascos. En la esquina de la calle, una hilera de automóviles alineados frente a una estación de servicio pintada de rojo. Algunos muchachos, en mangas de camisa, patean una pelota en medio de la calzada.

Y toda aquella fealdad había entrado en sus espejos. Dentro de sus espejos había ahora balcones de níquel y trapos colgados y jaulas con canarios.

Le habían quitado su intimidad, su secreto; se encontraba desnuda en medio de la calle, desnuda junto a un marido viejo que le volvía la espalda para dormir, que no le había dado hijos. No comprende cómo hasta entonces no había deseado tener hijos, cómo había llegado a conformarse a la idea de que iba a vivir sin hijos toda su vida. No comprende cómo pudo soportar durante un año esa risa de

Luis, esa risa demasiado jovial, esa risa postiza de hombre que se ha adiestrado en la risa porque es necesario reír en determinadas ocasiones.

¡Mentira! Eran mentiras su resignación y su serenidad; quería amor, sí, amor, y viajes y locuras, y amor, amor...

—Pero, Brígida, ¿por qué te vas? ¿por qué te quedabas? —había preguntado Luis.

Ahora habría sabido contestarle:

—¡El árbol, Luis, el árbol! Han derribado el gomero.

# TRENZAS

Porque día a día los orgullosos humanos que ahora somos, tendemos a desprendernos de nuestro limbo inicial, es que las mujeres no cuidan ni aprecian ya de sus trenzas.

Positivas, ignoran al desprenderse de éstas, ponen atajo a las mágicas corrientes que brotan del corazón mismo de la tierra.

Porque la cabellera de la mujer arranca desde lo más profundo y misterioso; desde allí donde nace y tiembla la primera burbuja; que es desde allí que se desenvuelve, lucha y crece entre muchas y enmarañadas fuerzas, hasta la superficie de lo vegetal, del aire y hasta las frentes privilegiadas que ella eligiera.

¡Las obscuras y lustrosas trenzas de Isolde, princesa de Irlanda, no absorbieron acaso esa primera burbuja en tanto sus labios bebieran la primera gota de aquel filtro encantado!

¿No fue acaso a lo largo de esas trenzas que las raíces de aquel filtro escurriéronse veloces hacia su humano destino? Porque quién ha de dudar jamás de que cabellera alguna gozara de tal rumor de fuentes subterráneas, de un tal suspirar de brisas y de hojas. Rumor y suspirar que en esas noches suyas de amor y luna, Tristán destrenzaba a fin de escuchar extasiado el canto lejano, persistente y secreto... el canto natural de aquella cabellera.

Y sé y debo decirlo, que hasta cuando Isolde dormía, su cabellera seguía alentando entreabierta, ya sea en la almohada del castillo de Tintajel, ya sea en los trigos del destierro... y florecía de flores extrañas que ella arrancara atemorizada a cada amanecer.

Y las rubias trenzas de Melisanda, más largas que su mismo cuerpo delicado.

Trenzas que al inclinarse imprudentes, un atardecer de otoño, descolgáronse torreón abajo, sobre los hombros fuertes del propio hermano del Rey... su marido.

Melisanda, grita Pelleas espantado. Luego estremecido y dejando por fin hablar su corazón... Melisanda murmura... tus trenzas, tus trenzas que al fin puedo tocar, besar, envolverme con ellas.

Por respuesta sólo un suspiro desde lo alto del torreón. Las trenzas habían ya confesado sin saberlo, esa verdad tímida y ardiente, que su dueña llevaba tan bien escondida dentro de su corazón.

¡Y por qué no recordar ahora las trenzas de nuestra dulce María de Jorge Isaac! Trenzas segadas y envueltas en el delantal azul con que ella regara su pequeño rincón de jardín.

Trenzas picoteadas de mariposas secas y de recuerdos con las que Efraín durmiera bajo la almohada su larga noche de congoja.

Trenzas muertas, aunque testamento vivo que lo obligara a seguir viviendo, aunque más no fuera para recordarla.

La octava mujer de Barba Azul... ¿la habéis olvidado? y de cómo su extravagante y severo marido al emprender inesperado viaje confiara a su traviesa esposa las llaves y acceso a todas las estancias de la suntuosa y vasta mansión, salvo prohibiéndole el hacer uso de aquella diminuta y mohosa que llevara a la última pieza de un abandonado y desalfombrado corredor.

De más está explicar que durante esa bienvenida ausencia marital, en medio de tanta diversión, amigas reidoras y airosos festejantes, el juego que más la intrigara y tentara, fuera el único juego prohibido. El de introducir en la correspondiente cerradura la misteriosa llavecilla de aquel íntimo cuarto abandonado.

Muy sabido es que tanto en las mujeres como en los gatos, la curiosidad siempre triunfó sobre toda otra pasión. Así pues, cuando al regreso intempestivo de su amo y señor, la esposa desobediente hubo de hacerle temblorosa entrega del manojo de llaves, entre éstas aunque maliciosamente disimulada, el temible caballero la descubrió no sólo mohosa..., sino además tinta en sangre.

«Vos, señora, me habéis traicionado —rugió—, no le queda otro destino que ir a reunirse con sus tristes amigas al final del corredor.»

Dicho esto desenvainó su espada...

¿Y a qué viene este cuento que conocemos desde nuestra más tierna infancia, se estarán preguntando ustedes? En nada tiene que ver con trenza alguna...

¡Sí que la tiene! —respondo con fuerza. No comprenden ustedes que no fue la pequeñísima tregua que el indignado marido concediera a su inconsciente esposa, a fin de que orara por última vez; ni tampoco fueran los ayes ni llamados que Ana aterrorizada lanzara desde la torre pidiendo auxilio para su hermana.

Y ni siquiera el cabalgar desaforado y caprichoso que en esos momentos dos hermanos guerreros emprendían de visita hacia el castillo.

No, nada de todo aquello fue lo que la salvara.

Fueron sus trenzas y nada más que sus trenzas complicadamente peinadas en cien y más sedosas y caprichosas culebras, las que cuando el implacable marido la echara brutalmente a sus pies, a fin de cumplir su cometido, las que trabaron y entrabaron sus dedos criminales, enredándose a sí mismo en desesperada madeja a lo largo del filo de su espada, obstinándose en proteger esa nuca delicada hasta la irrupción providencial de los dos dichos guerreros, también hermanos muy queridos, previamente invitados por nuestra pobre curiosa.

Así pues, no en vano durante dieciocho inocentes y alegres abriles, esa muchacha que fuera luego la insensata castellana y última mujer de Barba Azul, cepillara cantando esa su cabellera, comunicándole vigor y hermosura.

«Era muy pálida así como las mujeres que tienen la cabellera muy larga», describe Balzac, a una de sus enigmáticas heroínas.

Y no era un capricho verbal.

Porque Balzac hubo sin duda alguna de intuir desde siempre esa correspondencia íntima que suele establecerse entre los seres y el hondo misterio de la tierra.

Y aquí estoy para comprobar e ilustrar esa afirmación suya

con el extraño acontecimiento presenciado y vivido no muchos años ha, por tantos de nosotros.

¡A qué dar nombres ni lugares! Quienes lo conocen lo saben; los demás, bien pueden adivinarlos.

Dos hermanas.

Final de una larga, brillante, poderosa familia, aunque siempre acosada por escondidas pasiones, muertes inesperadas, suicidios.

La hermana mayor, marchita ya desde muy joven recortóse el pelo, vistió poncho de vicuña y a pesar de las afligidas protestas de sus mundanos padres, retiróse al inmenso fundo del sur, que ella misma se dedicara a administrar con mano de hierro. Los campesinos refinados no tardaron en llamarla la *Amazona*. Era terca pero justa. Fea pero de porte atrayente y sonrisa generosa. Solterona... nadie sabe por qué.

La menor por el contrario, era viuda por su propia voluntad de mujer herida en el orgullo de su corazón. Era bella en extremo aunque igualmente frágil de salud.

También ella vivía sola, pero en la antigua mansión de la familia en la ciudad. Tenía una voz suave, ojos castaños-tranquilos, pero la trenza roja que apretaba en peinado alrededor de su pequeña cabeza, arrojaba violentos fulgores sobre su tez pálida.

Sí, era una mujer dulce y terrible. Se enamoraba y amaba perdidamente.

Todo empezó en el fundo esa noche de otoño, en la cual el guardabosque bajara a la hondonada gritando: «¡Incendio!»

Hacía rato sin embargo, que con la frente pegada a los cristales de su ventana, la Amazona observaba intrigada aquel precoz purpúreo amanecer, despuntando allá arriba, dentro de los cerros de la propiedad... con su calma de siempre dio órdenes al personal de las casas, pidió su caballo y se encaminó hacia el incendio, en compañía de sus mayordomos.

Entretanto en la ciudad, la hermana menor, devuelta de un baile, yacía sobre la alfombra del salón, presa de un súbito desmayo.

Sus festejantes idos, sus servidores dormidos y ella por primera vez, sumergida, abandonada en la sombra de los candelabros que hubiera empezado a apagar. Cual si mal cómplice, aquella ráfaga de viento helado, ahora soplando y estremeciendo los cortinajes de los altos balcones, entreabriéndolos para ir a instalarse sobre la frente, hombros y pechos descubiertos de la indefensa.

En el fundo del sur la Amazona y su séquito ascendían cuestas, adentrándose en el bosque y sus incendios. Otro soplo, éste ardiente y acre, barría en contra de ellos, bandadas de hojas chamuscadas, de pájaros enceguecidos y de nidos inflamados.

Sabiéndose vencida de antemano. ¡Quién lograría y de qué manera retener la furia de esa llamarada!

La Amazona sentada en el tronco de un árbol muerto y caído ha muchos años, resignada estoicamente al espectáculo de la catástrofe, con la tétrica dignidad con que un magnate ultrajado asiste al saqueo y destrucción de sus bienes.

El bosque ardía sin ruido y ante la Amazona impasible los árboles caían uno a uno silenciosamente y ella contemplaba como en sueño encenderse, ennegrecerse y desmoronarse galería por galería las columnas silvesres de aquella catedral familiar... permitiéndose recordar, pensar y sufrir por primera vez...

Ese enorme avellano consumiéndose... ¿no era bajo su avalancha de secos frutos que sus hermanos y niñeras se reunían para saborear el picnic codiciado?

Y tras aquel gigantesco tronco... árbol cuyo nombre olvido, venía a esconderse después de sus fechorías... y aquellas pobrecitas callampas temblorosas, que bajo el cedro arrancaran u hollaran sin piedad... y aquel eucalipto del que se abrazara —jovencita— llorando estúpidamente al comprender y sentir la desilusión primera, esa pena que no confesó nunca, esa pena que la incitara a cortarse el pelo, convertirse en la Amazona y resolverse a no amar de amor nunca... nunca...

Allá en la ciudad, despuntaba el alba, sobre la alfombra del cuerpo inerte de la hermana —la que se atrevió siempre a amar—, hundiéndose por leves espasmos en aquello que llaman la muerte... pero como nadie sabía, no se encontró a nadie que pudiera intervenir a tiempo para rescatar a esa roja trenza que persistía aún tras su loca noche de baile.

Y de pronto allá abajo en el fundo fue el derrumbe final, el éxodo de los valerosos caballos que volvían con el pelaje y crines erizados, salvando ellos a sus jinetes semi-asfixiados.

Del inmenso bosque en ruinas, empezaron a brotar enormes lenguas de humo, tantas y tan derechas como árboles se habían erguido en el mismo sitio.

Durante un breve instante, aquel fantasma de bosque osciló y vivió frente a su dueña y servidores que lloraban. Ella no.

Luego escombros, cenizas y silencio.

Cuando en la ciudad, vinieron a cerrar los balcones y levantaron a la muy frágil para extenderla sobre el lecho tratando vanamente de reanimarla, de abrigarla, ya era tarde.

El médico aseguró que había agonizado la noche entera.

Pero el bosque hubo de agonizar y morir junto con ella y su cabellera, cuyas raíces eran las mismas.

Las verdes enredaderas que se enroscan a los árboles, las dulces algas a sus rocas, son cabelleras desmadejadas, son la palabra, el venir y aletear de la naturaleza, son su alegría y melancolía, son su expresión por medio de la cual la naturaleza infiltra confusamente su magia y saber a los seres.

Y es por eso que las mujeres de ahora al desprenderse de sus trenzas han perdido su fuerza adivina y no tienen premoniciones, ni goces absurdos, ni poder magnético.

Y sus sueños no son ahora sino una triste marea que trae y retrae imágenes cansadas o alguna que otra doméstica pesadilla.

# LO SECRETO

Sé muchas cosas que nadie sabe.

Conozco del mar, de la tierra y del cielo infinidad de secretos pequeños y mágicos.

Esta vez, sin embargo, no contaré sino del mar.

Aguas abajo, más abajo de la honda y densa zona de tinieblas, el océano vuelve a iluminarse. Una luz dorada brota de gigantescas esponjas, refulgentes y amarillas como soles.

Toda clase de plantas y de seres helados viven allí sumidos en esa luz de estío glacial, eterno...

Actinias verdes y rojas se aprietan en anchos prados a los que se entrelazan las transparentes medusas que no rompieran aún sus amarras para emprender por los mares su destino errabundo.

Duros corales blancos se enmarañan en matorrales extáticos por donde se escurren peces de un terciopelo sombrío que se abren y cierran blandamente, como flores.

Veo hipocampos. Es decir, diminutos corceles de mar, cuyas crines de algas se esparcen en lenta aureola alrededor de ellos cuando galopan silenciosos.

Y sé que si se llegara a levantar ciertas caracolas grises de forma anodina puede encontrarse debajo a una sirenita llorando.

Y ahora recuerdo, recuerdo cuando de niños, saltando de roca en roca, refrenábamos nuestro impulso al borde imprevisto de un estrecho desfiladero. Desfiladero dentro del cual las olas al retirarse dejaran atrás un largo manto real hecho de espuma, de una espuma irisada, recalcitrante en morir y que susurraba, susurraba... algo así como un mensaje.

¿Entendieron ustedes entonces el sentido de aquel mensaje?

No lo sé.

Por mi parte debo confesar que lo entendí.

Entendí que era el secreto de su noble origen que aquella clase de moribundas espumas trataban de suspirarnos al oído...

—Lejos, lejos y profundo —nos confiaban— ex:ste un volcán submarino en constante erupción. Noche y día su cráter hierve incansable y soplando espesas burbujas de lava plateada hacia la superficie de las aguas...

Pero el principal objetivo de estas breves líneas es contarles de un extraño, ignorado suceso, acaecido igualmente allá en lo bajo.

Es la historia de un barco pirata que siglos atrás rodara absorbido por la escalera de un remolino, y que siguiera viajando mar abajo entre ignotas corrientes y arrecifes sumergidos.

Furiosos pulpos abrazábanse mansamente a sus mástiles, como para guiarlo, mientras las esquivas estrellas de mar anidaban palpitantes y confiadas en sus bodegas.

Volviendo al fin de su largo desmayo, el Capitán Pirata, de un solo rugido, despertó a su gente. Ordenó levar ancla.

Y en tanto, saliendo de su estupor, todos corrieron afanados, el Capitán en su torre, no bien paseara una segunda mirada sobre el paisaje, empezó a maldecir.

El barco había encallado en las arenas de una playa interminable, que un tranquilo claro de luna, color verdeumbrío, bañaba por parejo.

Sin embargo había aún peor:

Por doquiera revolviese el largavista alrededor del buque no encontraba mar.

—Condenado Mar —vociferó—. Malditas mareas que maneja el mismo Diablo. Mal rayo las parta. Dejarnos tirados costa adentro... para volver a recogernos quién sabe a qué siniestra malvenida hora...

Airado, volcó frente y televista hacia arriba, buscando

cielo, estrellas y el cuartel de servicio en que velara esa luna de nefando resplandor.

Pero no encontró cielo, ni estrellas, ni visible cuartel.

Por Satanás. Si aquello arriba parecía algo ciego, sordo y mudo... Si era exactamente el reflejo invertido de aquel demoníaco, arenoso desierto en que habían encallado...

Y ahora, para colmo, esta última extravagancia. Inmóviles, silenciosas, las frondosas velas negras, orgullo de su barco, henchidas allá en los mástiles cuan ancho eran... y eso que no corría el menor soplo de viento.

—A tierra. A tierra la gente —se le oye tronar por el barco entero—. Cargar puñales, salvavidas. Y a reconocer la costa.

La plancha prestamente echada, una tripulación medio sonámbula desembarca dócilmente; su Capitán último en fila, arma de fuego en mano.

La arena que hollaran, hundiéndose casi al tobillo, era fina, sedosa... y muy fría.

Dos bandos. Uno marcha al Este. El otro, al Oeste. Ambos en busca del Mar. Ha ordenado el Capitán. Pero.

—Alto —vocifera deteniendo el trote desparramado de su gente—. El Chico acá de guardarrelevo. Y los otros proseguir. Adelante.

Y El Chico, un muchachito hijo de honestos pescadores, que frenético de aventuras y fechorías se había escapado para embarcarse en «El Terrible» (que era el nombre del barco pirata, así como el nombre de su capitán), acatando órdenes, vuelve sobre sus pasos, la frente baja y como observando y contando cada uno de ellos.

—Vaya el lerdo... el patizambo... el tortuga —reta el Pirata una vez al muchacho frente a él; tan pequeño a pesar de sus quince años, que apenas si llega a las hebillas de oro macizo de su cinturón salpicado de sangre.

Niños a bordo —piensa de pronto, acometido por un desagradable, indefinible malestar.

—Mi Capitán —dice en aquel momento El Chico, la voz muy queda—, ¿no se ha fijado usted que en esta arena los pies no dejan huella?

—¿Ni que las velas de mi barco echan sombra? —replica éste, seco y brutal.

Luego su cólera parece apaciguarse de a poco ante la mirada ingenua, interrogante con que El Chico se obstina en buscar la suya.

—Vamos, hijo —masculla, apoyando su ruda mano sobre el hombro del muchacho—. El mar no ha de tardar...

—Sí, señor —murmura el niño, como quien dice: Gracias.

Gracias. La palabra prohibida. Antes quemarse los labios. Ley de Pirata.

¿Dije Gracias? —se pregunta El Chico, sobresaltado.

¡Lo llamé: hijo! —piensa estupefacto el Capitán.

—Mi Capitán —habla de nuevo El Chico—, en el momento del naufragio...

Aquí el Pirata parpadea y se endereza brusco.

—...del accidente, quise decir, yo me hallaba en las bodegas. Cuando me recobro, ¿qué cree usted? Me las encuentro repletas de los bichos más asquerosos que he visto...

—¿Qué clase de bichos?

—Bueno, de estrellas de mar... pero vivas. Dan un asco. Si laten como vísceras de humano recién destripado... Y se movían de un lado para otro buscándose, amontonándose y hasta tratando de atracárseme...

—Ja. Y tú asustado, ¿eh?

—Yo, más rápido que anguila, me lancé a abrir puertas, escotillas y todo; y a patadas y escobazos empecé a barrerlas fuera. ¡Cómo corrían torcido escurriéndose por la arena! Sin embargo, mi Capitán, tengo que decirle algo... y es que noté... que ellas sí dejaban huellas...

El Terrible no contesta.

Y lado a lado ambos permanecen erguidos bajo esa mortecina verde luz que no sabe titilar, ante un silencio tan sin eco, tan completo, que de repente empiezan a oír.

A oír y sentir dentro de ellos mismos el surgir y ascender de una marea desconocida. La marea de un sentimiento del que no atinan a encontrar el nombre. Un sentimiento cien veces más destructivo que la ira, el odio o el pavor. Un sentimiento ordenado, nocturno, roedor. Y el corazón a él entregado, paciente y resignado.

—Tristeza —murmura al fin El Chico, sin saberlo. Palabra soplada a su oído.

Y entonces, enérgico, tratando de sacudirse aquella pesadilla, el Capitán vuelve a aferrarse del grito y del mal humor.

—Chico, basta. Y hablemos claro. Tú, con nosotros, aprendiste a asaltar, apuñalar, robar e incendiar..., sin embargo, nunca te oí blasfemar.

Pausa breve, luego bajando la voz, el Pirata pregunta con sencillez.

—Chico, dime, tú has de saber... ¿En dónde crees tú que estamos?

—Ahí donde usted piensa, mi Capitán —contesta respetuosamente el muchacho.

—Pues a mil millones de pies bajo el mar, caray —estalla el viejo Pirata en una de esas sus famosas, estrepitosas carcajadas, que corta súbito, casi de raíz.

Porque aquello que quiso ser carcajada resonó tremendo gemido, clamor de aflicción de alguien que, dentro de su propio pecho, estuviera usurpando su risa y su sentir; de alguien desesperado y ardiendo en deseo de algo que sabe irremisiblemente perdido.

# LAS ISLAS NUEVAS

Toda la noche el viento había galopado a diestro y siniestro por la pampa, bramando, apoyando siempre sobre una sola nota. A ratos cercaba la casa, se metía por las rendijas de las puertas y de las ventanas y revolvía los tules del mosquitero.

A cada vez Yolanda encendía la luz, que titubeaba, resistía un momento y se apagaba de nuevo. Cuando su hermano entró en el cuarto, al amanecer, la encontró recostada sobre el hombro izquierdo, respirando con dificultad y gimiendo.

—¡Yolanda! ¡Yolanda!

El llamado la incorporó en el lecho. Para poder mirar a Federico separó y echó sobre la espalda la oscura cabellera.

—Yolanda, ¿soñabas?

—Oh sí, sueños horribles.

—¿Por qué duermes siempre sobre el corazón? Es malo.

—Ya lo sé. ¿Qué hora es? ¿Adónde vas tan temprano y con este viento?

—A las lagunas. Parece que hay otra isla nueva. Ya van cuatro. De «La Figura» han venido a verlas. Tendremos gente. Quería avisarte.

Sin cambiar de postura, Yolanda observó a su hermano —un hombre canoso y flaco— al que las altas botas ajustadas prestaban un aspecto juvenil. ¡Qué absurdos, los hombres! Siempre en movimiento, siempre dispuestos a interesarse por todo. Cuando se acuestan dejan dicho que los despierten al rayar el alba. Si se acercan a la chimenea permanecen de pie, listos para huir al otro extremo del cuarto, listos para huir siempre hacia cosas fútiles. Y tosen, fuman, hablan fuerte, temerosos del silencio como de un enemigo que al menor descuido pudiera echarse sobre ellos, adherirse a ellos e invadirlos sin remedio.

—Está bien, Federico.

—Hasta luego.

Un golpe seco de la puerta y ya las espuelas de Federico suenan alejándose sobre las baldosas del corredor. Yolanda cierra de nuevo los ojos y delicadamente, con infinitas precauciones, se recuesta en las almohadas, sobre el hombro izquierdo, sobre el corazón; se ahoga, suspira y vuelve a caer en inquietos sueños. Sueños de los que, mañana a mañana, se desprende pálida, extenuada, como si se hubiera batido la noche entera con el insomnio.

Mientras tanto, los de la estancia «La Figura» se habían detenido al borde de las lagunas. Amanecía. Bajo un cielo revuelto, allá, contra el horizonte, divisaban las islas nuevas, humeantes aún del esfuerzo que debieron hacer para subir de quién sabe qué estratificaciones profundas.

—¡Cuatro, cuatro islas nuevas! —gritaban.

El viento no amainó hasta el anochecer, cuando ya no se podía cazar.

Do, re, mi, fa, sol, la, si, do... Do, re, mi, fa, sol, la, si, do...

Las notas suben y caen, trepan y caen redondas y límpidas como burbujas de vidrio. Desde la casa achatada a lo lejos entre los altos cipreses, alguien parece tender hacia los cazadores, que vuelven, una estrecha escala de agua sonora.

Do, re, mi, fa, sol, la, si, do...

—Es Yolanda que estudia —murmura Silvestre. Y se detiene un instante como para ajustarse mejor la carabina al hombro, pero su pesado cuerpo tiembla un poco.

Entre el follaje de los arbustos se yerguen blancas flores que parecen endurecidas por la helada. Juan Manuel alarga la mano.

—No hay que tocarlas —le advierte Silvestre—, se ponen amarillas. Son las camelias que cultiva Yolanda —agrega sonriendo—. «Esa sonrisa humilde ¡qué mal le sienta!» —piensa, malévolo, Juan Manuel—. Apenas deja su aire altanero, se ve que es viejo.

Do, re, mi, fa, sol, la, si, do... Do, re, mi, fa, sol, la, si, do...

La casa está totalmente a oscuras, pero las notas siguen brotando regulares.

—Juan Manuel, ¿no conoce usted a mi hermana Yolanda?

Ante la indicación de Federico, la mujer, que envuelta en la penumbra está sentada al piano, tiende al desconocido una mano que retira en seguida. Luego se levanta, crece, se desenrosca como una preciosa culebra. Es muy alta y extraordinariamente delgada. Juan Manuel la sigue con la mirada, mientras silenciosa y rápida enciende las primeras lámparas. Es igual que su nombre: pálida, aguda y un poco salvaje —piensa de pronto. Pero ¿qué tiene de extraño? ¡Ya comprendo —reflexiona, mientras ella se desliza hacia la puerta y desaparece—. Unos pies demasiado pequeños. Es raro que pueda sostener un cuerpo tan largo sobre esos pies tan pequeños.

...¡Qué estúpida comida, esta comida entre hombres, entre diez cazadores que no han podido cazar y que devoran precipitadamente, sin tener siquiera una sola hazaña de que vanagloriarse! ¿Y Yolanda? ¿Por qué no preside la cena ya que la mujer de Federico está en Buenos Aires? ¡Qué extraña silueta! ¿Fea? ¿Bonita? Liviana, eso sí, muy liviana. Y esa mirada oscura y brillante, ese algo agresivo, huidizo... ¿A quién, a qué se parece?

Juan Manuel extiende la mano para tomar su copa. Frente a él Silvestre bebe y habla y ríe fuerte, y parece desesperado.

Los cazadores dispersan las últimas brasas a golpes de pala y de tenazas; echan cenizas y más cenizas sobre los múltiples ojos de fuego que se empeñan en resurgir, coléricos. Batalla final en el tedio largo de la noche.

Y ahora el pasto y los árboles del parque los envuelven bruscamente en su aliento frío. Pesados insectos aletean contra los cristales del farol que alumbra el largo corredor abierto. Sostenido por Juan Manuel, Silvestre avanza hacia su cuarto resbalando sobre las baldosas lustrosas de vapor de agua, como recién lavadas. Los sapos huyen tímidamente a su paso para acurrucarse en los rincones oscuros.

En el silencio, el golpe de las barras que se ajustan a las puertas parece repetir los disparos inútiles de los cazadores sobre las islas. Silvestre deja caer su pesado cuerpo sobre el lecho, esconde su cara demacrada entre las manos y resuella y suspira ante la mirada irritada de Juan Manuel. Él, que siempre detestó compartir un cuarto con quien sea, tiene ahora que compartirlo con un borracho, y para colmo con un borracho que se lamenta.

—Oh, Juan Manuel, Juan Manuel...

—¿Qué le pasa, don Silvestre? ¿No se siente bien?

—Oh, muchacho. ¡Quién pudiera saber, saber, saber!...

—¿Saber qué, don Silvestre?

—Esto, y acompañando la palabra con el ademán, el viejo toma la cartera del bolsillo de su saco y la tiende a Juan Manuel.

—Busca la carta. Léela. Sí, una carta. Ésa, sí. Léela y dime si comprendes.

Una letra alta y trémula corre como humo, desbordando casi las cuartillas amarillentas y manoseadas: «*Silvestre: No puedo casarme con usted. Lo he pensado mucho, créame. No es posible, no es posible. Y sin embargo, le quiero, Silvestre, le quiero y sufro. Pero no puedo. Olvídeme. En balde me pregunto qué podría salvarme. Un hijo tal vez, un hijo que pesara dulcemente dentro de mí siempre; ¡pero siempre! ¡No verlo jamás crecido, despegado de mí! ¡Yo apoyada siempre en esa pequeña vida, retenida siempre por esa presencia! Lloro, Silvestre, lloro; y no puedo explicarle nada más.* — YOLANDA.»

—No comprendo —balbucea Juan Manuel, preso de un súbito malestar.

—Yo hace treinta años que trato de comprender. La quería. Tú no sabes cuánto la quería. Ya nadie quiere así, Juan Manuel... Una noche, dos semanas antes de que hubiéramos de casarnos, me mandó esta carta. En seguida me negó toda explicación y jamás conseguí verla a solas. Yo dejaba pasar el tiempo. «Esto se arreglará», me decía. Y así se me ha ido pasando la vida...

—¿Era la madre de Yolanda, don Silvestre? ¿Se llamaba Yolanda, también?

—¿Cómo? Hablo de Yolanda. No hay más que una. De Yolanda, que me ha rechazado de nuevo esta noche. Esta noche, cuando la vi, me dije: Tal vez ahora que han pasado tantos años Yolanda quiera, al fin, darme una explicación. Pero se fue, como siempre. Parece que Federico trata también de hablarle, a veces, de todo esto. Y ella se echa a temblar, y huye, huye siempre...

Desde hace unos segundos el sordo rumor de un tren ha despuntado en el horizonte. Y Juan Manuel lo oye insistir a la par que el malestar que se agita en su corazón.

—¿Yolanda fue su novia, don Silvestre?

—Sí, Yolanda fue mi novia, mi novia...

Juan Manuel considera fríamente los gestos desordenados de Silvestre, sus mejillas congestionadas, su pesado cuerpo de sesentón mal conservado. ¡Don Silvestre, el viejo amigo de su padre, novio de Yolanda!

—Entonces, ¿ella no es una niña, don Silvestre?

Silvestre ríe estúpidamente.

El tren, allá en un punto fijo del horizonte, parece que se empeñara en rodar y rodar un rumor estéril.

—¿Qué edad tiene? —insiste Juan Manuel.

Silvestre se pasa la mano por la frente tratando de contar.

—A ver, yo tenía en esa época veinte, no veintitrés...

Pero Juan Manuel apenas le oye, aliviado momentáneamente por una consoladora reflexión. «¡Importa acaso la edad cuando se es tan prodigiosamente joven!»

—...ella por consiguiente debía tener...

La frase se corta en un resuello. Y de nuevo renace en Juan Manuel la absurda ansiedad que lo mantiene atento a la confidencia que aquel hombre medio ebrio deshilvana desatinadamente. ¡Y ese tren a lo lejos, como un movimiento en suspenso, como una amenaza que no se cumple! Es seguramente la palpitación sofocada y continua de ese tren lo que lo enerva así. Maquinalmente, como quien busca una salida, se acerca a la ventana, la abre, y se inclina sobre la noche. Los faros del expreso, que jadea y jadea allá en el horizonte, rasgan con dos haces de luz la inmensa llanura.

—¡Maldito tren! ¡Cuándo pasará! —rezongó fuerte.

Silvestre, que ha venido a tumbarse a su lado en el alféizar de la ventana, aspira el aire a plenos pulmones y examina las dos luces, fijas a lo lejos.

—Viene en línea recta, pero tardará una media hora en pasar —explica—. Acaba de salir de Lobos.

—«Es liviana y tiene unos pies demasiado pequeños para su alta estatura.»

—¿Qué edad tiene, don Silvestre?

—No sé. Mañana te diré.

Pero ¿por qué? —reflexiona Juan Manuel—. ¿Qué significa este afán de preocuparme y pensar en una mujer que no he visto sino una vez? ¿Será que la deseo ya? El tren. ¡Oh, ese rumor monótono, esa respiración interminable del tren que avanza obstinado y lento en la pampa!

—¿Qué me pasa? —se pregunta Juan Manuel—. Debo estar cansado —piensa, al tiempo que cierra la ventana.


Mientras tanto, ella está en el extremo del jardín. Está apoyada contra la última tranquera del monte, como sobre la borda de un buque anclado en la llanura. En el cielo, una sola estrella, inmóvil; una estrella pesada y roja que parece lista a descolgarse y hundirse en el espacio infinito. Juan Manuel se apoya a su lado contra la tranquera y junto con ella se asoma a la pampa sumida en la mortecina luz saturnal. Habla. ¿Qué le dice? Le dice al oído las frases del destino. Y ahora le toma en sus brazos. Y ahora los brazos que la estrechan por la cintura tiemblan y esbozan una caricia nueva. ¡Va a tocarle el hombro derecho! ¡Se lo va a tocar! Y ella se debate, lucha, se agarra al alambrado para resistir mejor. Y se despierta aferrada a las sábanas, ahogada en sollozos y suspiros.

Durante un largo rato se mantiene erguida en las almohadas, con el oído atento. Y ahora la casa tiembla, el espejo oscila levemente, y una camelia marchita se desprende por la corola y cae sobre la alfombra con el ruido blando y pesado con que caería un fruto maduro.

Yolanda espera que el tren haya pasado y que se haya cerrado su estela de estrépito para volverse a dormir, recostada sobre el hombro izquierdo.

¡Maldito viento! De nuevo ha emprendido su galope aventurero por la pampa. Pero esta mañana los cazadores no están de humor para contemporizar con él. Echan los botes al agua, dispuestos al abordaje de las islas nuevas que allá, en el horizonte, sobrenadan defendidas por un cerco vivo de pájaros y espuma.

Desembarcan orgullosos, la carabina al hombro; pero una atmósfera ponzoñosa los obliga a detenerse casi en seguida para enjugarse la frente. Pausa breve, y luego avanzan pisando, atónitos, hiervas viscosas y una tierra caliente y movediza. Avanzan tambaleándose entre espirales de gaviotas que suben y bajan graznando. Azotado en el pecho por el filo de un ala, Juan Manuel vacila. Sus compañeros lo sostienen por los brazos y lo arrastran detrás de ellos

Y avanzan aún, aplastando, bajo las botas, frenéticos pescados de plata que el agua abandonó sobre el limo. Más allá tropiezan con una flora extraña: son matojos de coral sobre los que se precipitan ávidos. Largamente luchan por arrancarlos de cuajo, luchan hasta que sus manos sangran.

Las gaviotas los encierran en espirales cada vez más apretados. Las nubes corren muy bajas desmadejando una hilera vertiginosa de sombras. Un vaho a cada instante más denso brota del suelo. Todo hierve, se agita, tiembla. Los cazadores tratan en vano de mirar, de respirar. Descorazonados y medrosos, huyen.

Alrededor de la fogata, que los peones han encendido

y alimentan con ramas de eucaliptos, esperan en cuclillas el día entero a que el viento apacigüe su furia. Pero, como para exasperarlos, el viento amaina cuando está oscureciendo.

Do, re, mi, fa, sol, la, si, do... De nuevo aquella escala tendida hasta ellos desde las casas. Juan Manuel aguza el oído.

Do, re, mi, fa, sol, la, si, do... Do, re, mi, fa, sol... Do, re, mi, fa... Do, re, mi, fa... —insiste el piano. Y aquella nota repetida y repetida bate contra el corazón de Juan Manuel y lo golpea ahí donde lo había golpeado y herido por la mañana el ala del pájaro salvaje. Sin saber por qué se levanta y echa a andar hacia esa nota que a lo lejos repiquetea sin cesar, como una llamada.

Ahora salva los macizos de camelias. El piano calla bruscamente. Corriendo casi, penetra en el sombrío salón.

La chimenea encendida, el piano abierto... Pero Yolanda, ¿dónde está? Más allá del jardín, apoyada contra la última tranquera como sobre la borda de un buque anclado en la llanura. Y ahora se estremece porque oye gotear a sus espaldas las ramas bajas de los pinos removidas por alguien que se acerca a hurtadillas. ¡Si fuera Juan Manuel!

Vuelve pausadamente la cabeza. Es él. Él en carne y hueso esta vez. ¡Oh, su tez morena y dorada en el atardecer gris! Es como si lo siguiera y lo envolviera siempre una flecha de sol. Juan Manuel se apoya a su lado, contra la tranquera, y se asoma con ella a la pampa. Del agua que bulle escondida bajo el limo de los vastos potreros empieza a levantarse el canto de las ranas. Y es como si desde el horizonte la noche se aproximara, agitando millares de cascabeles de cristal.

Ahora él la mira y sonríe. ¡Oh, sus dientes apretados y blancos!, deben de ser fríos y duros como pedacitos de hielo. ¡Y esa oleada de calor varonil que se desprende de él, y la alcanza y la penetra de bienestar! ¡Tener que defenderse de aquel bienestar, tener que salir del círculo que a la par que su sombra mueve aquel hombre tan hermoso y tan fuerte!

—Yolanda... —murmura. Al oír su nombre siente que la intimidad se hace de golpe entre ellos. ¡Qué bien hizo en llamarla por su nombre! Parecería que los liga ahora un largo pasado de deseo. No tener pasado. Eso era lo que los cohibía y los mantenía alejados.

—Toda la noche he soñado con usted, Juan Manuel, toda la noche...

Juan Manuel tiende los brazos; ella no lo rechaza. Lo obliga sólo a enlazarla castamente por la cintura.

—Me llaman... —gime de pronto, y se desprende y escapa. Las ramas que remueven en su huida rebotan erizadas, arañan el saco y la mejilla de Juan Manuel que sigue a una mujer, desconcertado por vez primera.

Está de blanco. Sólo ahora que ella se acerca a su hermano para encenderle la pipa, gravemente, meticulosamente —como desempeñando una pequeña ocupación cotidiana— nota que lleva traje largo. Se ha vestido para cenar con ellos. Juan Manuel recuerda entonces que sus botas están llenas de barro y se precipita hacia su cuarto.

Cuando vuelve al salón encuentra a Yolanda sentada en el sofá, de frente a la chimenea. El fuego enciende, apaga y enciende sus pupilas negras. Tiene los brazos cruzados detrás de la nuca, y es larga y afilada como una espada, o como... ¿como qué? Juan Manuel se esfuerza en encontrar la imagen que siente presa y aleteando en su memoria.

—La comida está servida.

Yolanda se incorpora, sus pupilas se apagan de golpe. Y al pasar le clava rápidamente esas pupilas de una negrura sin transparencia, y le roza el pecho con su manga de tul, como con un ala. Y la imagen afluye por fin al recuerdo de Juan Manuel, igual que una burbuja a flor de agua.

—Ya sé a qué se parece usted. Se parece a una gaviota.

Un gritito ronco, extraño, y Yolanda se desploma largo a largo y sin ruido sobre la alfombra. Reina un momento de estupor, de inacción; luego todos se precipitan para levantarla, desmayada. Ahora la transportan sobre el sofá, la acomodan en los cojines, piden agua. ¿Qué ha dicho? ¿Qué le ha dicho?

—Le dije... —empieza a explicar Juan Manuel; pero calla bruscamente, sintiéndose culpable de algo que ignora, temiendo, sin saber por qué, revelar un secreto que no le pertenece. Mientras tanto Yolanda, que ha vuelto en sí, suspira oprimiéndose el corazón con las dos manos como después de un gran susto. Se incorpora a medias, para extenderse nuevamente sobre el hombro izquierdo. Federico protesta.

—No. No te recuestes sobre el corazón. Es malo.

Ella sonríe débilmente, murmura: «Ya lo sé. Déjenme». Y hay tanta vehemencia triste, tanto cansancio en el ademán con que los despide, que todos pasan sin protestar a la habitación contigua. Todos, salvo Juan Manuel que permanece de pie junto a la chimenea.

Lívida, inmóvil, Yolanda duerme o finge dormir recostada sobre el corazón. Juan Manuel espera anhelante un gesto de llamada o de repudio que no se cumple.


Al rayar el alba de esta tercera madrugada los cazadores se detienen, una vez más, al borde de las lagunas por fin apaciguadas. Mudos, contemplan la superficie tersa de las aguas. Atónitos, escrutan el horizonte gris.

Las islas nuevas han desaparecido.

Echan los botes al agua. Juan Manuel empuja el suyo con una decisión bien determinada. Bordea las viejas islas sin dejarse tentar como sus compañeros por la vida que alienta en ellas; esa vida hecha de chasquidos de alas y de juncos, de arrullos y pequeños gritos, y de ese leve temblor de flores de limo que se despliegan sudorosas. Explorador minucioso, se pierde a lo lejos y rema de izquierda a derecha, tratando de encontrar el lugar exacto donde tan sólo ayer asomaban cuatro islas nuevas. ¿Adónde estaba la primera? Aquí. No, allí. No, aquí, más bien. Se inclina sobre el agua para buscarla, convencido sin embargo de que su mirada no logrará jamás seguirla en su caída vertiginosa hacia abajo, seguirla hasta la profundidad oscura donde se halla confundida nuevamente con el fondo de fango y de algas.

En el círculo de un remolino, algo sobreflota, algo blando, incoloro: es una medusa. Juan Manuel se apresura a recogerla en su pañuelo, que ata luego por las cuatro puntas.

Cae la tarde cuando Yolanda, a la entrada del monte, retiene su caballo y les abre la tranquera. Ha echado a andar delante de ellos. Su pesado ropón flotante se engancha a ratos en los arbustos. Y Juan Manuel repara que monta a la antigua, vestida de amazona. La luz declina por segundos, retrocediendo en una gama de azules. Algunas urracas de larga cola vuelan graznando un instante y se acurrucan luego en racimos apretados sobre las desnudas ramas del bosque ceniciento.

De golpe, Juan Manuel ve un grabado que aún cuelga en el corredor de su vieja quinta de Adrogué: una amazona esbelta y pensativa, entregada a la voluntad de su caballo, parece errar desesperanzada entre las hojas secas y el crepúsculo. El cuadro se llama «Otoño», o «Tristeza»... No recuerda bien.

Sobre el velador de su cuarto encuentra una carta de su madre. «*Puesto que tú no estás, yo le llevaré mañana las orquídeas a Elsa*», escribe. Mañana. Quiere decir hoy. Hoy hace, por consiguiente, cinco años que murió su mujer. ¡Cinco años ya! Se llamaba Elsa. Nunca pudo él acostumbrarse a que tuviera un nombre tan lindo. «¡Y te llamas Elsa...!», solía decirle en la mitad de un abrazo, como si aquello fuera un milagro más milagroso que su belleza rubia y su sonrisa plácida. ¡Elsa! ¡La perfección de sus rasgos! ¡Su tez transparente detrás de la que corrían las venas, finas pinceladas azules! ¡Tantos años de amor! Y luego aquella enfermedad fulminante. Juan Manuel se resiste a pensar en la noche en que, cubriéndose la cara con las manos para que él no la besara, Elsa gemía: «No quiero que me veas así, tan fea... ni aun después de muerta.

Me taparás la cara con orquídeas. Tienes que prometerme...»

No. Juan Manuel no quiere volver a pensar en todo aquello. Desgarrado, tira la carta sobre el velador sin leer más adelante.

* * *

El mismo crepúsculo sereno ha entrado en Buenos Aires, anegando en azul de acero las piedras y el aire, y los árboles de la plaza de la Recoleta espolvoreados por la llovizna glacial del día.

La madre de Juan Manuel avanza con seguridad en un laberinto de calles muy estrechas. Con seguridad. Nunca se ha perdido en aquella intrincada ciudad. Desde muy niña le enseñaron a orientarse en ella. He aquí su casa. La pequeña y fría casa donde reposan inmóviles sus padres, sus abuelos y tantos antepasados. ¡Tantos, en una casa tan estrecha! ¡Si fuera cierto que cada uno duerme aquí solitario con su pasado y su presente; incomunicado, aunque flanco a flanco! Pero no, no es posible. La señora deposita un instante en el suelo el ramo de orquídeas que lleva en la mano y busca la llave en su cartera. Una vez que se ha persignado ante el altar, examina si los candelabros están bien lustrados, si está bien almidonado el blanco mantel. En seguida suspira y baja a la cripta agarrándose nerviosamente a la barandilla de tronce. Una lámpara de aceite cuelga del techo bajo. La llama se refleja en el piso de mármol negro y se multiplica en las anillas de los cajones alineados por fechas. Aquí todo es orden y solemne indiferencia.

Fuera empieza a lloviznar nuevamente. El agua rebota en las estrechas callejuelas de asfalto. Pero aquí todo parece lejano: la lluvia, la ciudad, y las obligaciones que la aguardan en su casa. Y ahora ella suspira nuevamente y se acerca al cajón más nuevo, más chico, y deposita las orquídeas a la altura de la cara del muerto. Las deposita sobre la cara de Elsa. «Pobre Juan Manuel», piensa.

En vano trata de enternecerse sobre el destino de su nuera. En vano. Un rencor, del que se confiesa a menudo, persiste en su corazón a pesar de las decenas de rosarios y las múltiples jaculatorias que le impone su confesor.

Mira fijamente el cajón deseosa de traspasarlo con la mirada para saber, ver, comprobar... ¡Cinco años ya que murió! Era tan frágil. Puede que el anillo de oro liso haya rodado ya de entre sus frívolos dedos desmigajados hasta el hueco de su pecho hecho cenizas. Puede, sí. Pero ¿ha muerto? No. Ha vencido a pesar de todo. Nunca se muere enteramente. Ésa es la verdad. El niño moreno y fuerte continuador de la raza, ese nieto que es ahora su única razón de vivir, mira con los ojos azules y cándidos de Elsa.

\* \* \*

Por fin a las tres de la mañana Juan Manuel se decide a levantarse del sillón junto a la chimenea, donde con desgano fumaba y bebía medio atontado por el calor del fuego. Salta por encima de los perros dormidos contra la puerta y echa a andar por el largo corredor abierto. Se siente flojo y cansado, tan cansado. «¡Anteanoche Silvestre, y esta noche yo! Estoy completamente borracho», piensa.

Silvestre duerme. El sueño debió haberlo sorprendido de repente porque ha dejado la lámpara encendida sobre el velador.

La carta de su madre está todavía allí, semiabierta. Una larga postdata escrita de puño y letra de su hijo lo hace sonreír un poco. Trata de leer. Sus ojos se nublan en el esfuerzo. Porfía y descifra al fin: *Papá. La abuelita me permite escribirte aquí. Aprendí tres palabras más en la geografía nueva que me regalaste. Tres palabras con la explicación y todo, que te voy a escribir aquí de memoria.*

AEROLITO: *Nombre dado a masas minerales que caen de las profundidades del espacio celeste a la superficie de la Tierra. Los aerolitos son fragmentos planetarios que circulan por el espacio y que...*»

¡Ay!, murmura Juan Manuel, y, sintiéndose tambalear

se arranca de la explicación, emerge de la explicación deslumbrado y cegado como si hubieran agitado ante sus ojos una cantidad de pequeños soles.

HURACÁN: *Viento violento e impetuoso hecho de varios vientos opuestos que forman torbellinos.*

—¡Este niño! —rezonga Juan Manuel. Y se siente transido de frío, mientras grandes ruidos le azotan el cerebro como colazos de una ola que vuelve y se revuelve batiendo su flanco poderoso y helado contra él.

HALO: *Cerco luminoso que rodea a veces la Luna.*

Una ligera neblina se interpone de pronto entre Juan Manuel y la palabra anterior, una neblina azul que flota y lo envuelve blandamente. ¡Halo! —murmura—, ¡halo! Y algo así como una inmensa ternura empieza a infiltrarse en todo su ser con la seguridad, con la suavidad de un gas. ¡Yolanda! ¡Si pudiera verla, hablarle!

Quisiera, aunque sólo fuera, oírla respirar a través de la puerta cerrada de su alcoba.

Todos, todo duerme. ¡Qué de puertas, sigiloso y protegiendo con la mano la llama de su lámpara, debió forzar o abrir para atravesar el ala del viejo caserón! ¡Cuántas habitaciones desocupadas y polvorientas donde los muebles se amontonaban en los rincones, y cuántas otras donde, a su paso, gentes irreconocibles suspiran y se revuelven entre las sábanas!

Había elegido el camino de los fantasmas y de los asesinos.

Y ahora que ha logrado pegar el oído a la puerta de Yolanda, no oye sino el latir de su propio corazón.

Un mueble debe, sin duda alguna, obstruir aquella puerta por el otro lado; un mueble muy liviano puesto que ya consiguió apartarlo de un empellón. ¿Quién gime? Juan Manuel levanta la lámpara; el cuarto da primero un vuelco y se sitúa luego ante sus ojos, ordenado y tranquilo.

Velada por los tules de un mosquitero advierte una cama estrecha donde Yolanda duerme caída sobre el hombro izquierdo, sobre el corazón; duerme envuelta en una cabellera oscura, frondosa y crespa, entre las que gime y se debate. Juan Manuel deposita la lámpara en el suelo, aparta los tules del mosquitero y la toma de la mano. Ella se aferra de sus dedos, y él la ayuda entonces a incorporarse sobre las almohadas, a refluir de su sueño, a vencer el peso de esa cabellera inhumana que debe atraerla hacia quién sabe qué tenebrosas regiones.

Por fin abre los ojos, suspira aliviada y murmura: Gracias.

—Gracias —repite. Y fijando delante de ella unas pupilas sonámbulas explica—. ¡Oh, era terrible! Estaba en un lugar atroz. En un parque al que a menudo bajo en mis sueños. Un parque. Plantas gigantes. Helechos altos y abiertos como árboles. Y un silencio... no sé cómo explicarlo..., un silencio verde como el del cloroformo. Un silencio desde el fondo del cual se aproxima un ronco zumbido que crece y se acerca. La muerte, es la muerte. Y entonces trato de huir, de despertar. Porque si no despertara, si me alcanzara la muerte en ese parque, tal vez me vería condenada a quedarme allí para siempre, ¿no cree Ud.?

Juan Manuel no contesta, temeroso de romper aquella intimidad con el sonido de su voz. Yolanda respira hondo y continúa:

—Dicen que durante el sueño volvemos a los sitios donde hemos vivido antes de la existencia que estamos viviendo ahora. Yo suelo también volver a cierta casa criolla. Un cuarto, un patio, un cuarto y otro patio con una fuente en el centro. Voy y...

Enmudece bruscamente y lo mira.

Ha llegado el momento que él tanto temía. El momento en que lúcida, al fin, y libre de todo pavor, se pregunta cómo y por qué está aquel hombre sentado a la orilla de su lecho. Aguarda resignado el: «¡Fuera!» imperioso y el ademán solemne con el cual se dice que las mujeres indican la puerta en esos casos.

Y no. Siente de golpe un peso sobre el corazón. Yolanda ha echado la cabeza sobre su pecho.

Atónito, Juan Manuel permanece inmóvil. ¡Oh, esa sien delicada, y el olor a madreselvas vivas que se desprende de aquella impetuosa mata de pelo que le acaricia los labios! Largo rato permanece inmóvil. Inmóvil, enternecido, maravillado, como si sobre su pecho se hubiera estrellado, al pasar, un inesperado y asustadizo tesoro.

¡Yolanda! Ávidamente la estrecha contra sí. Pero entonces grita, un gritito ronco, extraño, y le sujeta los brazos. Él lucha enredándose entre los largos cabellos perfumados y ásperos. Lucha hasta que logra asirla por la nuca y tumbarla brutalmente hacia atrás.

Jadeante, ella revuelca la cabeza de un lado a otro y llora. Llora mientras Juan Manuel la besa en la boca, mientras le acaricia un seno pequeño y duro como las camelias que ella cultiva. ¡Tantas lágrimas! ¡Cómo se escurren por sus mejillas, apresuradas y silenciosas! ¡Tantas lágrimas! Ahora corren por la almohada intactas, como ardientes perlas hechas de agua, hasta el hueco de su ruda mano de varón crispada bajo el cuello sometido.

Desembriagado, avergonzado casi, Juan Manuel relaja la violencia de su abrazo.

—¿Me odia, Yolanda?

Ella permanece muda, inerte.

—Yolanda. ¿Quiere que me vaya?

Ella cierra los ojos. «Váyase», murmura.

Ya lúcido, se siente enrojecer y un relámpago de vehemencia lo traspasa nuevamente de pies a cabeza. Pero su pasión se ha convertido en ira, en desagrado.

Las maderas del piso crujen bajo sus pasos mientras toma la lámpara y se va, dejando a Yolanda hundida en la sombra.

Al cuarto día, la neblina descuelga a lo largo de la pampa sus telones de algodón y silencio; sofoca y acorta el ruido de las detonaciones que los cazadores descargan a mansalva por las islas, ciega a las cigüeñas acobardadas y ablanda los largos juncos puntiagudos que hieren.

Yolanda. ¿Qué hará?, se pregunta Juan Manuel. ¿Qué hará mientras él arrastra sus botas pesadas de barro y mata a los pájaros sin razón ni pasión? Tal vez esté en el huerto buscando las últimas fresas o desenterrando los primeros rábanos: *Se los toma fuertemente por las hojas y se los desentierra de un tirón, se los arranca de la tierra oscura como rojos y duros corazoncitos vegetales.* O puede aun que, dentro de la casa, y empinada sobre el taburete arrimado a un armario abierto, reciba de manos de la mucama un atado de sábanas recién planchadas para ordenarlas cuidadosamente en pilas iguales. ¿Y si estuviera con la frente pegada a los vidrios empañados de una ventana acechando su vuelta? Todo es posible en una mujer como Yolanda, en esa mujer extraña, en esa mujer tan parecida a... Pero Juan Manuel se detiene como temeroso de herirla con el pensamiento.

De nuevo el crepúsculo. El cazador echa una mirada por sobre la pampa sumergida tratando de situar en el espacio el monte y la casa. Una luz se enciende en lontananza a través de la neblina, como un grito sofocado que deseara orientarlo. La casa. ¡Allí está!

Aborda en su bote la orilla más cercana y echa a andar por los potreros hacia la luz ahuyentando, a su paso, el manso ganado de pelaje primorosamente rizado por el aliento húmedo de la neblina. Salva alambrados a cuyas púas se agarra la niebla como el vellón de otro ganado. Sortea las anchas matas de cardos que se arrastran plateadas, fosforescentes, en la penumbra; receloso de aquella vegetación a la vez quemante y helada.

Llega a la tranquera, cruza el parque, luego el jardín con sus macizos de camelias; desempaña con su mano enguantada el vidrio de cierta ventana y abre a la altura de sus ojos dos estrellas, como en los cuentos.

Yolanda está desnuda y de pie en el baño, absorta en la contemplación de su hombro derecho.

En su hombro derecho crece y se descuelga un poco hacia la espalda algo liviano y blando. Una ala. O más bien un comienzo de ala. O mejor dicho un muñón de ala. Un pequeño miembro atrofiado que ahora ella palpa cuidadosamente, como con recelo.

El resto del cuerpo es tal cual él se lo había imaginado. Orgulloso, estrecho, blanco.


Una alucinación. Debo haber sido víctima de una alucinación. La caminata, la neblina, el cansancio y ese estado ansioso en que vivo desde hace días me han hecho ver lo que no existe... piensa Juan Manuel mientras rueda enloquecido por los caminos agarrado al volante de su coche. ¡Si volviera! ¿Pero cómo explicar su brusca partida? ¿Y cómo explicar su regreso si lograra explicar su huida? No pensar, no pensar hasta Buenos Aires. ¡Es lo mejor!

Ya en el suburbio, una fina llovizna vela de un polvo de agua los vidrios del parabrisas. Echa a andar la aguja de níquel que hace tic tac, tic tac, con la regularidad implacable de su angustia.

Atraviesa Buenos Aires desierto y oscuro bajo un aguacero aún indeciso. Pero cuando empuja la verja y traspone el jardín de su casa, la lluvia se despeña torrencial.

—¿Qué pasa? ¿Por qué vuelves a estas horas?

—¿Y el niño?

—Duerme. Son las once de la noche, Juan Manuel.

—Quiero verlo. Buenas noches, madre.

La vieja señora se encoge de hombros y se aleja resignada, envuelta en su larga bata. No, nunca logrará acostumbrarse a los caprichos de su hijo. Es muy inteligente, un gran abogado. Ella, sin embargo, lo hubiera deseado menos talentoso y un poco más convencional, como los hijos de los demás.

Juan Manuel entra al cuarto del niño y enciende la luz. Acurrucado casi contra la pared, su hijo duerme, hecho un ovillo, con las sábanas por encima de la cabeza. «Duerme como un animalito sin educación. Y eso que tiene ya nueve años. ¡De qué le servirá tener una abuela tan celosa!», piensa Juan Manuel mientras lo destapa.

—¡Billy, despierta!

El niño se sienta en el lecho, pestañea rápido, mira a su padre y le sonríe valientemente a través de su sueño.

—¡Billy, te traigo un regalo!

Billy tiende instantáneamente una mano cándida. Y apremiado por ese ademán Juan Manuel sabe, de pronto, que no ha mentido. Sí, le trae un regalo. Busca en su bolsillo. Extrae un pañuelo atado por las cuatro puntas y lo entrega a su hijo. Billy desata los nudos, extiende el pañuelo y, como no encuentra nada, mira fijamente a su padre, esperando confiado una explicación.

—Era una especie de flor, Billy, una medusa magnífica, te lo juro. La pesqué en la laguna para ti... Y ha desaparecido...

El niño reflexiona un minuto y luego grita triunfante:

—No, no ha desaparecido; es que se ha deshecho, papá, se ha deshecho. Porque las medusas son agua, nada más que agua. Lo aprendí en la geografía nueva que me regalaste.

Afuera, la lluvia se estrella violentamente contra las anchas hojas de la palmera que encoge sus ramas de charol entre los muros del estrecho jardín.

— Tienes razón, Billy. Se ha deshecho.

—...Pero las medusas son del mar, papá. ¿Hay medusas en las lagunas?

—No sé, hijo.

Un gran cansancio lo aplasta de golpe. No sabe nada, no comprende nada.

¡Si telefoneara a Yolanda! Todo le parecería tal vez menos vago, menos pavoroso, si oyera la voz de Yolanda; una voz como todas las voces, lejana y un poco sorprendida por lo inesperado de la llamada.

Arropa a Billy y lo acomoda en las almohadas. Luego baja la solemne escalera de aquella casa tan vasta, fría y fea. El teléfono está en el hall; otra ocurrencia de su madre. Descuelga el tubo mientras un relámpago enciende de arriba abajo los altos vitrales. Pide un número. Espera.

El fragor de un trueno inmenso rueda por sobre la ciudad dormida hasta perderse a lo lejos.

Su llamado corre por los alambres bajo la lluvia. Juan Manuel se divierte en seguirlo con la imaginación. «Ahora corre por Rivadavia con su hilera de luces mortecinas, y ahora por el suburbio de calles pantanosas, y ahora toma la carretera que hiere derecha y solitaria la pampa inmensa; y ahora pasa por pueblos chicos, por ciudades de provincia donde el asfalto resplandece como agua detenida bajo la luz de la Luna; y ahora entra tal vez de nuevo en la lluvia y llega a una estación de campo, y corre por los potreros hasta el monte, y ahora se escurre a lo largo de una avenida de álamos hasta llegar a las casas de «La Atalaya». Y ahora aletea en timbrazos inseguros que repercuten en el enorme salón desierto donde las maderas crujen y la lluvia gotea en un rincón».

Largo rato el llamado repercute. Juan Manuel lo siente vibrar muy ronco en su oído, pero allá en el salón desierto debe sonar agudamente. Largo rato, con el corazón apretado, Juan Manuel espera. Y de pronto lo esperado se produce: alguien levanta la horquilla al otro extremo de la línea. Pero antes de que una voz diga «Hola» Juan Manuel cuelga violentamente el tubo.

Si le fuera a decir: «No es posible. Lo he pensado mucho. No es posible, créame». Si le fuera a confirmar así aquel horror. Tiene miedo de saber. No quiere saber.

Vuelve a subir lentamente la escalera.

Había pues algo más cruel, más estúpido que la muerte. ¡Él que creía que la muerte era el misterio final, el sufrimiento último!

¡La muerte, ese detenerse!

Mientras él envejecía, Elsa permanecía eternamente joven, detenida en los treinta y tres años en que desertó de esta vida. Y vendría también el día en que Billy sería mayor que su madre, sabría más del mundo que lo que supo su madre.

¡La mano de Elsa hecha cenizas, y sus gestos perdurando, sin embargo, en sus cartas, en el sweater que le tejiera; y perdurando en retratos hasta el iris cristalino de sus ojos ahora vaciados!... ¡Elsa anulada, detenida en un punto fijo y viviendo, sin embargo, en el recuerdo, moviéndose junto con ellos en la vida cotidiana, como si continuara madurando su espíritu y pudiera reaccionar ante cosas que ignoró y que ignora!

Sin embargo, Juan Manuel sabe ahora que hay algo más cruel, más incomprensible que todos esos pequeños corolarios de la muerte. Conoce un misterio nuevo, un sufrimiento hecho de malestar y de estupor.

La puerta del cuarto de Billy, que se recorta iluminada en el corredor oscuro, lo invita a pasar nuevamente, con la vaga esperanza de encontrar a Billy todavía despierto. Pero Billy duerme. Juan Manuel pesca una mirada por el cuarto buscando algo en que distraerse, algo con que aplazar su angustia. Va hacia el pupitre de colegial y hojea la geografía de Billy.

«...*Historia de la Tierra... La fase estelar de la Tierra... La vida en la era primaria...*»

Y ahora lee «...*Cuán bello sería este paisaje silencioso en el cual los licopodios y equisetos gigantes erguían sus tallos a tanta altura, y los helechos extendían en el aire húmedo sus verdes frondas...*»

¿Qué paisaje es éste? ¡No es posible que lo haya visto antes! ¿Por qué entra entonces en él como en algo conocido? Da vuelta la hoja y lee al azar «...*Con todo, en ocasión del carbonífero es cuando los insectos vuelan en gran número por entre la densa vegetación arborescente de la época. En el carbonífero superior había insectos con tres pares de alas. Los más notables de los insectos de la época eran unos muy grandes, semejantes a nuestras libélulas actuales, aun cuando mucho mayores, pues alcanzaba una longitud de sesenta y cinco centímetros la envergadura de sus alas...*»

Yolanda, los sueños de Yolanda..., el horroroso y dulce secreto de su hombro. ¡Tal vez aquí estaba la explicación del misterio!

Pero Juan Manuel no se siente capaz de remontar los intrincados corredores de la naturaleza hasta aquel origen. Teme confundir las pistas, perder las huellas, caer en algún pozo oscuro y sin salida para su entendimiento. Y abandonando una vez más a Yolanda, cierra el libro, apaga la luz, y se va.

# LA AMORTAJADA

Y luego que hubo anochecido, se le entreabrieron los ojos. Oh, un poco, muy poco. Era como si quisiera mirar escondida detrás de sus largas pestañas.

A la llama de los altos cirios, cuantos la velaban se inclinaron, entonces, para observar la limpieza y la transparencia de aquella franja de pupila que la muerte no había logrado empañar. Respetuosamente maravillados se inclinaban, sin saber que Ella los veía.

Porque Ella veía, sentía.

Y es así como se ve inmóvil, tendida boca arriba en el amplio lecho revestido ahora de las sábanas bordadas, perfumadas de espliego —que se guardan siempre bajo llave—, y se ve envuelta en aquel batón de raso blanco que solía volverla tan grácil.

Levemente cruzadas sobre el pecho y oprimiendo un crucifijo, vislumbra sus manos; sus manos que han adquirido la delicadeza frívola de dos palomas sosegadas.

Ya no le incomoda bajo la nuca esa espesa mata de pelo que durante su enfermedad se iba volviendo, minuto por minuto, más húmeda y más pesada.

Consiguieron, al fin, desenmarañarla, alisarla, dividirla sobre la frente.

Han descuidado, es cierto, recogerla.

Pero ella no ignora que la masa sombría de una cabellera desplegada presta a toda mujer extendida y durmiendo un ceño de misterio, un perturbador encanto.

Y de golpe se siente sin una sola arruga, pálida y bella como nunca.

La invade una inmensa alegría, que puedan admirarla así, los que ya no la recordaban sino devorada por fútiles inquietudes, marchita por algunas penas y el aire cortante de la hacienda.

Ahora que la saben muerta, allí están rodeándola todos.

Está su hija, aquella muchacha dorada y elástica, orgullosa de sus veinte años, que sonreía burlona cuando su madre pretendía, mientras le enseñaba viejos retratos, que también ella había sido elegante y graciosa. Están sus hijos, que parecían no querer reconocerle ya ningún derecho a vivir, sus hijos, a quienes impacientaban sus caprichos, a quienes avergonzaba sorprenderla corriendo por el jardín asoleado; sus hijos ariscos al menor cumplido, aunque secretamente halagados cuando sus jóvenes camaradas fingían tomarla por una hermana mayor.

Está Zoila que la vio nacer y a quien la entregó su madre desde ese momento para que la criara. Zoila, que le acunaba la pena en los brazos cuando su madre lista para subir al coche, de viaje a la ciudad, desprendíasela enérgicamente de las polleras a las que ella se aferraba llorando.

¡Zoila, antigua confidente en los días malos; dulce y discreta olvidada, en los de felicidad! Allí está canosa, pero todavía enjuta y sin edad discernible, como si la gota de sangre araucana que corriera por sus venas hubiera tenido el don de petrificar su altivo perfil.

Están algunos amigos, viejos amigos que parecían haber olvidado que un día fue esbelta y feliz.

Saboreando su pueril vanidad, largamente permanece rígida, sumisa a todas las miradas, como desnuda a fuerza de irresistencia.

El murmullo de la lluvia sobre los bosques y sobre la casa la mueve muy pronto a entregarse cuerpo y alma a esa sensación de bienestar y melancolía en que siempre la abismó el suspirar del agua en las interminables noches del otoño.

La lluvia cae fina, obstinada, tranquila. Y ella la escucha caer. Caer sobre los techos, caer hasta doblar los quitasoles de los pinos, y los anchos brazos de los cedros azules, caer. Caer hasta anegar los tréboles, y borrar los senderos, caer.

Escampa, y ella escucha nítido el bemol de lata enmohecida que rítmicamente el viento arranca al molino. Y cada golpe de aspa viene a tocar una fibra especial dentro de su pecho amortajado.

Con recogimiento siente vibrar en su interior una nota sonora y grave que ignoraba hasta ese día guardar en sí.

Luego, llueve nuevamente. Y la lluvia cae, obstinada, tranquila. Y ella la escucha caer.

Caer y resbalar como lágrimas por los vidrios de las ventanas, caer y agrandar hasta el horizonte las lagunas, caer. Caer sobre su corazón y empaparlo, deshacerlo de languidez y tristeza.

Escampa, y la rueda del molino vuelve a girar pesada y regular. Pero ya no encuentra en ella la cuerda que repita su monótono acorde; el sonido se despeña ahora, sordamente, desde muy alto, como algo tremendo que la envuelve y la abruma. Cada golpe de aspa se le antoja el tic-tac de un reloj gigante marcando el tiempo bajo las nubes y sobre los campos...

No recuerda haber gozado, haber agotado nunca, así, una emoción.

Tantos seres, tantas preocupaciones y pequeños estorbos físicos se interponían siempre entre ella y el secreto de una noche. Ahora, en cambio, no la turba ningún pensamiento inoportuno. Han trazado un círculo de silencio a su alrededor, y se ha detenido el latir de esa invisible arteria que le golpeaba con frecuencia tan rudamente la sien.

A la madrugada cesa la lluvia. Un trazo de luz recorta el marco de las ventanas. En los altos candelabros la llama de los velones se abisma trémula en un coágulo de cera. Alguien duerme, la cabeza desmayada sobre el hombro, y cuelgan inmóviles los diligentes rosarios.

No obstante, allá lejos, muy lejos, asciende un cadencioso rumor.

Sólo ella lo percibe y adivina el restallar de cascos de caballos, el restallar de ocho cascos de caballo que vienen sonando.

Que suenan, ya esponjosos y leves, ya recios y próximos, de repente desiguales, apagados, como si los dispersara el viento. Que se aparejan, siguen avanzando, no dejan de avanzar, y sin embargo que, se diría, no van a llegar jamás.

Un estrépito de ruedas cubre por fin el galope de los caballos. Recién entonces despiertan todos, todos se agitan a la vez. Ella los oye, al otro extremo de la casa, descorrer el complicado cerrojo y las dos barras de la puerta de entrada.

Los observa, en seguida, ordenar el cuarto, acercarse al lecho, reemplazar los cirios consumidos, ahuyentar de su frente una mariposa de noche.

Es él, él.

Allí está de pie y mirándola. Su presencia anula de golpe los largos años baldíos, las horas, los días, que el destino interpuso entre ellos dos, lento, oscuro, tenaz.

—Te recuerdo, te recuerdo adolescente. Recuerdo tu pupila clara, tu tez de rubio curtida por el sol de la hacienda, tu cuerpo entonces, afilado y nervioso.

Sobre tus cinco hermanas, sobre Alicia, sobre mí, a quienes considerabas primas —no lo éramos, pero nuestros fundos lindaban y a nuestra vez llamábamos tíos a tus padres— reinabas por el terror.

Te veo correr tras nuestras piernas desnudas para fustigarlas con tu látigo.

Te juro que te odiábamos de corazón cuando soltabas nuestros pájaros o suspendías de los cabellos nuestras muñecas a las ramas altas del plátano.

Una de tus bromas favoritas era dispararnos al oído un salvaje: ¡uh! ¡uh!, en el momento más inesperado. No te conmovían nuestros ataques de nervios, nuestros llantos. Nunca te cansaste de sorprendernos para colarnos por la espalda cuanto bicho extraño recogías en el bosque.

Eras un espantoso verdugo. Y, sin embargo, ejercías sobre nosotras una especie de fascinación. Creo que te admirábamos.

De noche nos atraías y nos aterrabas con la historia de un caballero, entre sabio y notario, todo vestido de negro, que vivía oculto en la buhardilla.

Era algo así como el Gobernador de cuanto nos era hostil en el bosque.

Tenía los bolsillos llenos de murciélagos y mandaba a las arañas peludas, a los ciempiés y a las cuncunas.

Era él quien infundía vida a ciertas ramas secas que al tocarlas se agitaban frenéticas, convertidas en aquellos terroríficos «caballos del diablo», él quien, por la noche, empezaba a encender los ojos de los búhos, quien ordenaba salir a las ratas y ratones.

Dicho personaje llevaba por lo demás una contaduría especial: el censo exacto de los súbditos de su asqueroso dominio; y en su registro, hecho de papel de hortigas, escribía con una cola de lagartija untada en la tinta de los pantanos que chupan.

Durante varios años no pudimos casi dormir temerosas de su siniestra visita.

La época de la siega nos procuraba días de gozo, días que nos pasábamos jugando a escalar las enormes montañas de heno acumuladas tras la era y saltando de una a otra, inconscientes de todo peligro y como borrachas de sol.

Fue en uno de aquellos locos mediodías, cuando, desde la cumbre de un haz, mi hermana me precipitó a traición sobre una carreta, desbordante de gavillas, donde tú venías recostado.

Me resignaba ya a los peores malos tratos o a las más crueles burlas, según tu capricho del momento, cuando reparé que dormías. Dormías, y yo, coraje inaudito, me extendí en la paja a tu lado, mientras guiados por el peón Aníbal los bueyes proseguían lentos un itinerario para mí desconocido.

Muy pronto quedó atrás el jadeo desgarrado de la trilladora, muy pronto el chillido estridente de las cigarras cubrió el rechinar de las pesadas ruedas de nuestro vehículo.

Apegada a tu cadera, contenía la respiración tratando de aligerarte mi presencia. Dormías, y yo te miraba presa de una intensa emoción, dudando casi de lo que veían mis ojos: ¡Nuestro cruel tirano yacía indefenso a mi lado!

Aniñado, desarmado por el sueño, ¿me pareciste de golpe infinitamente frágil? La verdad es que no acudió a mí una sola idea de venganza.

Tú te revolviste suspirando, y entre la paja, uno de tus pies desnudos vino a enredarse con los míos.

Y yo no supe cómo el abandono de aquel gesto pudo despertar tanta ternura en mí, ni por qué me fue tan dulce el tibio contacto de tu piel.

Un ancho corredor abierto circundaba tu casa. Fue allí donde emprendiste, cierta tarde, un juego realmente original.

Mientras dos peones hurgaban con largas cañas las vigas del techo, tú acribillabas a balazos los murciélagos obligados a dejar sus escondrijos.

Recuerdo el absurdo desmayo de tía Isabel; todavía oigo los gritos de la cocinera y me duele la intervención de tu padre.

Una breve orden suya dispersó a tus esbirros, te obligó a hacerle instantáneamente entrega de la escopeta, mientras con esos ojos estrechos, claros y fríos, tan parecidos a los tuyos, te miraba de hito en hito. En seguida levantó la fusta que llevaba siempre consigo y te atravesó la cara, una, dos, tres veces.

Frente a él, aturdido por lo imprevisto del castigo, tú permaneciste primero inmóvil. Luego enrojeciste de golpe y llevándote los puños a la boca temblaste de pies a cabeza.

—«¡Fuera!» —murmuró sordamente, entre dientes, tu padre.

Y como si aquella interjección colmara la medida, recién entonces desataste tu rabia en un alarido, un alarido desgarrador, atroz, que sostenías, que prolongabas mientras corrías a esconderte en el bosque.

No reapareciste a la hora del almuerzo.

—«Tiene vergüenza» —nos decíamos las niñas entre impresionadas y perversamente satisfechas. Y Alicia y yo debimos marcharnos cargando con el despecho de no haber podido presenciar tu vuelta.

A la mañana siguiente, como acudiéramos ansiosas de noticias, nos encontramos con que no habías regresado en toda la noche.

—«Se ha perdido intencionalmente en la montaña o se ha tirado al río. Conozco a mi hijo...» —sollozaba tía Isabel.

—«Basta» —vociferaba su marido—, «quiere molestarnos y eso es todo. Yo también lo conozco.»

Nadie almorzó aquel día. El administrador, el campero, todos los hombres, recorrían el fundo, los fundos vecinos.

—«Puede que haya trepado a la carreta de algún peón y se encuentre en el pueblo» —se decían.

A nosotras y a la servidumbre —que el acontecimiento liberaba de las tareas habituales— se nos antojaba a cada rato oír llegar un coche, el trote de muchos caballos. En nuestra imaginación a cada rato te traían, ya sea amarrado como un criminal, ya sea tendido en angarillas, desnudo y blanco —ahogado.

Mientras tanto, a lo lejos, la campana de alarma del aserradero desgajaba constantemente un repetir de golpes precipitados y secos.

Atardecía cuando irrumpiste en el comedor. Yo me hallaba sola, reclinada en el diván, aquel horrible diván de cuero oscuro que cojeaba, ¿recuerdas?

Traías el torso semidesnudo, los cabellos revueltos y los pómulos encendidos por dos chapas rojizas.

—«Agua» —ordenaste. Yo no atiné sino a mirarte aterrorizada.

Entonces, desdeñoso, fuiste al aparador y groseramente empinaste la jarra de vidrio, sin buscar tan siquiera un vaso. Me arrimé a ti. Todo tu cuerpo despedía calor, era una brasa.

Guiada por un singular deseo acerqué a tu brazo la extremidad de mis dedos siempre helados. Tú dejaste súbitamente de beber y, asiendo mis dos manos, me obligaste a aplastarlas contra tu pecho. Tu carne quemaba.

Recuerdo un intervalo durante el cual percibí el zumbido de una abeja perdida en el techo del cuarto.

Un ruido de pasos te movió a desasirte de mí, tan violentamente, que tambaleamos. Veo aún tus manos crispadas sobre la jarra de agua que te habías apresurado a recoger.

Después...

Años después fue entre nosotros el gesto dulce y terrible cuya nostalgia suele encadenar para siempre.

Fue un otoño en que sin tregua casi, llovía.

Una tarde, el velo plomo que encubría el cielo se desgarró en jirones y de norte a sur corrieron lívidos fulgores.

Recuerdo. Me encontraba al pie de la escalinata sacudiendo las ramas, cuajadas de gotas de un abeto. Apenas si alcancé a oír el chapaleo de los cascos de un caballo cuando me sentí asida por el talle, arrebatada del suelo.

Eras tú, Ricardo. Acababas de llegar —el verano entero lo habías pasado preparando exámenes en la ciudad— y me habías sorprendido y alzado en la delantera de tu silla.

El alazán tascó el freno, se revolvió enardecido..., y yo sentí, de golpe, en la cintura, la presión de un brazo fuerte, de un brazo desconocido.

El animal echó a andar. Un inesperado bienestar me invadió que no supe si atribuir al acompasado vaivén que me echaba contra ti o a la presión de ese brazo que seguía enlazándome firmemente.

El viento retorcía los árboles, golpeaba con saña la piel del caballo. Y nosotros luchábamos contra el viento, avanzábamos contra el viento.

Volqué la frente para mirarte. Tu cabeza se recortaba extrañamente sobre un fondo de cielo donde grandes nubes galopaban, también, como enloquecidas. Noté que tus cabellos y tus pestañas se habían oscurecido; parecías el hermano mayor del Ricardo que nos había dejado el año antes.

El viento. Mis trenzas aleteaban deshechas, se te enroscaban al cuello.

Henos de pronto sumidos en la penumbra y el silencio, el silencio y la penumbra eternos de la selva.

El caballo acortó el paso. Con precaución y sin ruido salvaba obstáculos: rosales erizados, árboles caídos cuyos troncos mojados corroía el musgo; hollaba lechos de pálidas violetas inodoras, y hongos esponjosos que exhalaban, al partirse, una venenosa fragancia.

Pero yo sólo estaba atenta a ese abrazo tuyo que me aprisionaba sin desmayo.

Hubieras podido llevarme hasta lo más profundo del bosque, y hasta esa caverna que inventaste para atemorizarnos, esa caverna oscura en que dormía replegado el monstruoso mugido que oíamos venir y alejarse en las largas noches de tempestad.

Hubieras podido. Yo no habría tenido miedo mientras me sostuviera ese abrazo.

Chasquidos misteriosos, como de alas asustadas, restallaban a nuestro paso entre el follaje. Del fondo de una hondonada subía un apacible murmullo.

Bajamos, orillamos un estrecho afluente semioculto por los helechos. De pronto, a nuestras espaldas, un suave crujir de ramas y el golpe discreto de un cuerpo sobre las aguas. Volvimos la cabeza. Era un ciervo que huía.

Lenguas de humo azul brotaron de la hojarasca. La noche próxima nos intimaba a desandar camino.

Emprendimos lentamente el regreso.

¡Ah, qué absurda tentación se apoderaba de mí! ¡Qué ganas de suspirar, de implorar, de besar!

Te miré. Tu rostro era el de siempre; taciturno, permanecía ajeno a tu enérgico abrazo.

Mi mejilla fue a estrellarse contra tu pecho.

Y no era hacia el hermano, el compañero, a quien tendía ese impulso; era hacia aquel hombre fuerte y dulce que temblaba en tu brazo. El viento de los potreros se nos vino encima de nuevo. Y nosotros luchamos contra él, avanzamos contra él. Mis trenzas aletearon deshechas, se te enroscaron al cuello.

Segundos más tarde, mientras me sujetabas por la cintura para ayudarme a bajar del caballo, comprendí que desde el momento en que me echaste el brazo al talle me asaltó el temor que ahora sentía, el temor de que dejara de oprimirme tu abrazo.

Y entonces, ¿recuerdas?, me aferré desesperadamente a ti murmurando «Ven», gimiendo «No me dejes»; y las palabras «Siempre» y «Nunca». Esa noche me entregué a ti, nada más que por sentirte ciñéndome la cintura.

Durante tres vacaciones fui tuya.

Tú me hallabas fría porque nunca lograste que compartiera tu frenesí, porque me colmaba el olor a oscuro clavel silvestre de tu beso.

Aquel brusco, aquel cobarde abandono tuyo, ¿respondió a una orden perentoria de tus padres o a alguna rebeldía de tu impetuoso carácter? No sé.

Nunca lo supe. Sólo sé que la edad que siguió a ese abandono fue la más desordenada y trágica de mi vida.

¡Oh, la tortura del primer amor, de la primera desilusión! ¡Cuando se lucha con el pasado, en lugar de olvidarlo! Así persistía yo antes en tender mi pecho blando, a los mismos recuerdos, a las mismas iras, a los mismos duelos.

Recuerdo el enorme revólver que hurté y que guardaba oculto en mi armario, con la boca del caño hundida en un diminuto zapato de raso. Una tarde de invierno gané el bosque. La hojarasca se apretaba al suelo, podrida. El follaje colgaba mojado y muerto, como de trapo.

Muy lejos de las casas me detuve al fin; saqué el arma de la manga de mi abrigo, la palpé, recelosa, como a una pequeña bestia aturdida que puede retorcerse y morder.

Con infinitas precauciones me la apoyé contra la sien, contra el corazón.

Luego, bruscamente, disparé contra un árbol.

Fue un chasquido, un insignificante chasquido como el que descarga una sábana azotada por el viento. Pero, oh Ricardo, allá en el tronco del árbol quedó un horrendo boquete disparejo y negro de pólvora.

Mi pecho desgarrado así, mi carne, mis venas dispersas... ¡Ay, no, nunca tendría ese valor!

Extenuada me tendí largo a largo, gemí, golpeé el suelo con los puños cerrados. ¡Ay, no, nunca tendría ese valor!

Y sin embargo quería morir, quería morir, te lo juro.


¿Qué día fue? No logro precisar el momento en que empezó esa dulce fatiga.

Imaginé, al principio, que la primavera se complacía, así, en languidecerme. Una primavera todavía oculta bajo el suelo invernal, pero que respiraba a ratos, mojada y olorosa, por los poros entrecerrados de la tierra.

Recuerdo. Me sentía floja, sin deseos, el cuerpo y el espíritu indiferentes, como saciados de pasión y dolor.

Suponiéndolo una tregua, me abandoné a ese inesperado sosiego. ¿No apretaría mañana con más inquina el tormento?

Dejé de agitarme, de andar.

Y aquella languidez, aquel sopor iban creciendo, envolviéndome solapadamente, día a día.

Cierta mañana, al abrir las celosías de mi cuarto reparé que un millar de minúsculos brotes, no más grandes que una cabeza de alfiler, apuntaban a la extremidad de todas las cenicientas ramas del jardín.

A mi espalda, Zoila plegaba los tules del mosquetero, invitándome a beber el vaso de leche cotidiano. Pensativa y sin contestar, yo continuaba asomada al milagro.

Era curioso; también mis dos pequeños senos prendían, parecían desear florecer con la primavera.

Y de pronto, fue como si alguien me lo hubiera soplado al oído.

—«Estoy... ¡ah!...» —suspiré, llevándome las manos al pecho, ruborizada hasta la raíz de los cabellos.

Durante muchos días viví aturdida por la felicidad. Me habías marcado para siempre. Aunque la repudiaras, seguías poseyendo mi carne humillada, acariciándola con tus manos ausentes, modificándola.

Ni un momento pensé en las consecuencias de todo aquello. No pensaba sino en gozar de esa presencia tuya en mis entrañas. Y escuchaba tu beso, lo dejaba crecer dentro de mí.

Entrada ya la primavera, hice colgar mi hamaca entre dos avellanos. Permanecía recostada horas enteras.

Ignoraba por qué razón el paisaje, las cosas, todo se me volvía motivo de distracción, goce plácidamente sensual: la masa oscura y ondulante de la selva inmovilizada en el horizonte, como una ola monstruosa, lista para precipitarse; el vuelo de las palomas, cuyo ir y venir rayaba de sombras fugaces el libro abierto sobre mis rodillas; el canto intermitente del aserradero —esa nota aguda, sostenida y dulce, igual al zumbido de un colmenar— que hendía el aire hasta las casas cuando la tarde era muy límpida.

Deseos absurdos y frívolos me asediaban de golpe, sin razón y tan furiosamente, que se trocaban en angustiosa necesidad. Primero quise para mi desayuno un racimo de uvas rosadas. Imaginaba la hilera apretada de granos, la pulpa cristalina.

Bien pronto, como se me convenciera de que era un deseo imposible de satisfacer —no teníamos parrón ni viña y el pueblo quedaba a dos días del fundo— se me antojaron fresas.

No me gustaban, sin embargo, las que el jardinero recogía para mí, en el bosque. Yo las quería heladas, muy heladas, rojas, muy rojas y que supieran también un poco a frambuesa.

¿Dónde había comido yo fresas así?

—«...La niña salió entonces al jardín y se puso a barrer la nieve. Poco a poco la escoba empezó a descubrir una gran cantidad de fresas perfumadas y maduras que gozosa llevó a la madrastra...»

¡Ésas! ¡Eran ésas las fresas que yo quería!, ¡las fresas mágicas del cuento!

Un capricho se tragaba al otro. He aquí que suspiraba por tejer con lana amarilla, que ansiaba un campo de mirasoles, para mirarlos horas enteras.

—¡Oh, hundir la mirada en algo amarillo!

Así vivía golosa de olores, de color, de sabores.

Cuando la voz de cierta inquietud me despertaba importuna:

—«¡Si lo llega a saber tu padre!» —procurando tranquilizarme le respondía:

—«Mañana, mañana buscaré esas yerbas que... o tal vez consulte a la mujer que vive en la barranca...»

—«Debes tomar una decisión antes de que tu estado se vuelva irremediable.»

—«Bah, mañana, mañana...»

Recuerdo. Me sentía como protegida por una red de pereza, de indiferencia; invulnerable, tranquila para todo lo que no fuera los pequeños hechos cotidianos: el subsistir, el dormir, el comer.

Mañana, mañana, decía. Y en esto llegó el verano.

La primera semana de verano me llenó de una congoja inexplicable que crecía junto con la luna.

En la séptima noche, incapaz de conciliar el sueño me levanté, bajé al salón, abrí la puerta que daba al jardín.

Los cipreses se recortaban inmóviles sobre un cielo azul; el estanque era una lámina de metal azul; la casa alargaba una sombra aterciopelada y azul.

Quietos, los bosques enmudecían como petrificados bajo el hechizo de la noche, de esa noche azul de plenilunio.

Largo rato permanecí de pie en el umbral de la puerta sin atreverme a entrar en aquel mundo nuevo, irreconocible, en aquel mundo que parecía un mundo sumergido.

Súbitamente, de uno de los torreones de la casa, creció y empezó a flotar un estrecho cendal de plumas.

Era una bandada de lechuzas blancas.

Volaban. Su vuelo era blando y pesado, silencioso como la noche.

Y aquello era tan armonioso que, de golpe, estallé en lágrimas.

Después, me sentí liviana de toda pena. Fue como si la angustia que me torturaba hubiera andado tanteando en mí hasta escaparse por el camino de las lágrimas.

Aquella angustia, sin embargo, la sentí de nuevo posada sobre mi corazón a la mañana siguiente; minuto por minuto su peso aumentaba, me oprimía. Y he aquí que tras muchas horas de lucha, tomó, para evadirse, el mismo camino de la víspera, y se fue nuevamente, sin que me revelara su secreta razón de ser.

Idéntica cosa me sucedió el día después, y al otro día.

Desde entonces viví a la espera de las lágrimas. Las aguardaba como se aguarda la tormenta en los días más ardorosos del estío. Y una palabra áspera, una mirada demasiado dulce, me abrían la esclusa del llanto.

Así vivía, confinada en mi mundo físico

El verano declinaba. Tormentas jaspeadas de azulosos relámpagos solían estallar, de golpe, remedando los últimos sobresaltos de un fuego de artificio.

Una tarde, al aventurarme por el camino que lleva a tu fundo, mi corazón empezó a latir, a latir; a aspirar e impeler violentamente la sangre contra las paredes de mi cuerpo.

Una fuerza desconocida atraía mis pasos desde el horizonte, desde allí donde el cielo negro y denso se esclarecía acuchillado por descargas eléctricas, alucinantes señales lanzadas a mi encuentro.

—«Ven, ven, ven» —parecía gritarme, frenética, la tormenta.

—«Ven» —murmuraba luego, más bajo y pálido.

A medida que avanzaba me estimulaba un dulce y creciente calor.

Y seguía avanzando, solamente para sentirme más llena de vida.

Corriendo casi, descendí el sendero que baja a la hondonada donde las casas se aplastan agobiadas por la madreselva, mientras los perros subían, ladrando, a buscarme.

Recuerdo que me eché extenuada sobre la silla de paja que la mujer del mayordomo me ofreció en la cocina. La pobre hablaba a borbotones... —«¡Qué tiempo!» «¡Qué humedad!» «Don Ricardo llegó esta tarde». «Está descansando». «Ha pedido que no lo despierten hasta la hora de la comida». «Tal vez será mejor que la señorita se vuelva a su fundo antes de que descargue el aguacero...»

Yo sorbía el mate e inclinaba dócilmente la cabeza.

«Don Ricardo llegó esta tarde». ¡Tan ligados nos hallábamos el uno al otro, que mis sentidos me habían anunciado tu venida!

No te molesté, no. Conocía tus agresivos despertares. Me volví precipitadamente, bajo las primeras gotas de lluvia.

Pero a medida que te dejaba atrás, durmiendo, a medio

vestir, en un cuarto con olor a encerrado, sentía disminuir la dulce fiebre que me golpeaba las sienes.

Tenía las manos yertas, tiritaba de frío cuando me senté a la mesa frente a mi padre enardecido... «Estaba escrito que me retrasaría siempre. Tres veces había sonado el gong. Si Alicia y yo no hacíamos más que «flojear», mis hermanos y él trabajaban a la par de los peones... necesitaban comer a sus horas. ¡Ah, si nuestra madre viviera!...»

El día siguiente me lo pasé esperándote. Porque tuve la ingenuidad de pensar que volvías por mí.

Caía la tarde y estaba recostada en la hamaca cuando sentí el latido avisador. Me incorporé, eché a andar y nuevamente empujó en mí ese florecimiento de vida. Y era detenerme y detenerse, también, estacionarse en mí, esa alegría física. Y aletear otra vez con ímpetu no bien apuraba el paso.

Y así fue como mi corazón —mi corazón de carne— me guió hasta la tranquera que abre al norte.

Allá lejos, a la extremidad de una llanura de tréboles, bajo un cielo vasto, sangriento de arrebol, casi contra el disco del sol poniente divisé la silueta de un jinete arriando una tropilla de caballos.

Eras tú. Te reconocí de inmediato. Apoyada contra el alambrado pude seguirte con la mirada durante el espacio de un suspiro. Porque, de golpe y junto con el sol, desapareciste en el horizonte.


Esa misma noche, mucho antes del amanecer, soñaba... Un corredor interminable por donde tú y yo huíamos estrechamente enlazados. El rayo nos perseguía, volteaba uno a uno los álamos —inverosímiles columnas que sostenían la bóveda de piedra; y la bóveda se hacía constantemente añicos detrás, sin lograr envolvernos en su caída.

Un estampido me arrojó fuera del lecho. Con los miembros temblorosos me hallé despierta en medio del cuarto.

Oí entonces, por fin, el aullar sostenido, el enorme clamor de un viento iracundo.

Temblaban las celosías, crepitaban las puertas, me azotaba el revuelo de invisibles cortinados. Me sentía como arrebatada, perdida en el centro mismo de una tromba monstruosa que pujase por desarraigar la casa de sus cimientos y llevársela uncida a su carrera.

—«Zoila» —grité; pero el fragor del vendaval desmenuzó mi voz.

Hasta mis pensamientos parecían balancearse, pequeños, oscilantes, como la llama de una vela.

Quería. ¿Qué? Todavía lo ignoro.

Corrí hacia la puerta y la abrí. Avanzaba penosamente en la oscuridad con los brazos extendidos, igual que las sonámbulas, cuando el suelo se hundió bajo mis pies en un vacío insólito.

Zoila vino a recogerme al pie de la escalera. El resto de la noche se lo pasó enjugando, muda y llorosa, el río de sangre en que se disgregaba esa carne tuya mezclada a la mía...

A la mañana siguiente me hallaba otra vez tendida en la veranda con mis impávidos ojos de niña y mis cejas ingenuamente arqueadas, tejiendo, tejiendo con furia, como si en ello me fuera la vida.


El brusco, el cobarde abandono de su amante, ¿respondió a alguna orden perentoria o bien a una rebeldía de su impetuoso carácter?

Ella no lo sabe, ni quiere volver a desesperarse en descifrar el enigma que tanto la había torturado en su primera juventud.

La verdad es que, sea por inconsciencia o por miedo, cada uno siguió un camino diferente.

Y que toda la vida se esquivaron, luego, como de mutuo acuerdo.

Pero ahora, ahora que él está ahí, de pie, silencioso y conmovido; ahora que, por fin, se atreve a mirarla de nuevo, frente a frente, y a través del mismo risible parpadeo que le conoció de niño en sus momentos de emoción, ahora ella comprende.

Comprende que en ella dormía, agazapado, aquel amor que presumió muerto. Que aquel ser nunca le fue totalmente ajeno.

Y era como si parte de su sangre hubiera estado alimentando, siempre, una entraña que ella misma ignorase llevar dentro, y que esa entraña hubiera crecido así, clandestinamente, al margen y a la par de su vida.

Y comprende que, sin tener ella conciencia, había esperado, había anhelado furiosamente este momento.

¿Era preciso morir para saber ciertas cosas? Ahora comprende también que en el corazón y en los sentidos de aquel hombre ella había hincado sus raíces; que jamás, aunque a menudo lo creyera, estuvo enteramente sola; que jamás, aunque a menudo lo pensara, fue realmente olvidada.

De haberlo sabido antes, muchas noches, desvelada, no habría encendido la luz para dar vuelta las hojas de un libro cualquiera, procurando atajar una oleada de recuerdos. Y no habría evitado tampoco ciertos rincones del parque, ciertas soledades, ciertas músicas. Ni temido el primer soplo de ciertas primaveras demasiado cálidas.

¡Ah, Dios mío, Dios mío! ¿Es preciso morir para saber?


—«Vamos, vamos».

—«¿Adónde?»

Alguien, algo, la toma de la mano, la obliga a alzarse.

Como si entrara, de golpe, en un nudo de vientos encontrados, danza en un punto fijo, ligera, igual a un copo de nieve.

—«Vamos».

—«¿Adónde?»

—«Más allá».

Baja, baja la cuesta de un jardín húmedo y sombrío. Percibe el murmullo de aguas escondidas y oye deshojarse helados rosales en la espesura.

Y baja, rueda callejuelas de césped abajo, azotada por el ala mojada de invisibles pájaros...

¿Qué fuerza es ésta que la envuelve y la arrebata? Brusca y vertiginosamente se siente refluir a una superficie.

Y hela aquí, de nuevo, tendida boca arriba en el amplio lecho.

A su cabecera el chisporroteo aceitoso de dos cirios.

Recién entonces nota que una venda de gasa le sostiene el mentón. Y sufre la extraña impresión de no sentirla.

El día quema horas, minutos, segundos.

Un anciano viene a sentarse junto a ella. La mira largamente, tristemente, le acaricia los cabellos sin miedo, y dice que está bonita.

Sólo a la amortajada no inquieta esa agobiada tranquilidad. Conoce bien a su padre. No, ningún ataque repentino ha de fulminarlo. Él ha visto ya a tantos seres así estirados, pálidos, investidos de esa misma inmovilidad implacable, mientras alrededor de ellos todo suspira y se agita.

—Ana María, ¿te acuerdas de tu madre? —solía preguntarle a veces, casi como en secreto, cuando ella era muy niña.

Y para darle gusto, a cada vez, ella cerraba los ojos y concentrándose fuertemente, lograba captar un instante la imagen huidiza de otros ojos muy negros que la miraban burlones tras del tul atado a un breve sombrero. Algo así como un perfume flotaba alrededor de la tierna evocación.

—Claro está que me acuerdo, papá.

—¿Era linda, verdad? ¿Tú la querías?

—Sí, la quería.

—¿Y por qué la querías? —había insistido él un día. Cándidamente ella había contestado:

—Porque llevaba siempre un velito atado alrededor del sombrero y tenía tan rico olor.

Los ojos de su padre se habían llenado de lágrimas; y,

como ella se le arrimara instintivamente, él la había rechazado por primera vez.

—Eres una tonta —le había dicho, luego había dejado el cuarto dando un portazo.

Pero desde ese momento, toda la vida ella sospechó que su padre también había querido a su mujer por la misma razón, por la cual ella, la tonta, la había querido...

Sí, la había querido por su efímero perfume, sus tules aleves... y esa muerte prematura tan desconcertante como el frívolo misterio de sus ojos.

Ahora levanta la mano, traza la señal de la cruz sobre la frente de su hija. ¿No solía despedirla cada noche de idéntica manera?

Más tarde, luego de haber cerrado todas sus puertas, se extenderá sobre el lecho, volverá la cara contra la pared y recién entonces se echará a sufrir. Y sufrirá oculto, rebelde a la menor confidencia, a cualquier ademán de simpatía, como si su pena no estuviere al alcance de nadie.

Y durante días, meses, tal vez años, seguirá cumpliendo mudo y resignado la parte de dolor que le asignara el destino.

Desde el principio de la noche, sin descanso, una mujer ha estado velando, atendiendo a la muerta.

Por primera vez, sin embargo, la amortajada repara en ella; tan acostumbrada está a verla así, grave y solícita, junto a lechos de enfermos.

—«Alicia, mi pobre hermana, ¡eres tú! ¡Rezas!»

¿Dónde creerás que estoy? ¿Rindiendo cuentas al Dios terrible a quien ofreces día a día la brutalidad de tu marido, el incendio de tus aserraderos, y hasta la pérdida de tu único hijo, aquel niño desobediente y risueño que un árbol arrolló al caer y cuyo cuerpo se dislocó entero cuando lo levantaron de entre el fango y la hojarasca?

Alicia, no. Estoy aquí, disgregándome bien apegada a la tierra. Y me pregunto si veré algún día la cara de tu Dios.

Ya en el convento en que nos educamos, cuando Sor Marta apagaba las luces del largo dormitorio y mientras, infatigable, tú completabas las dos últimas decenas del rosario con la frente hundida en la almohada, yo me escurría de puntillas hacia la ventana del cuarto de baño. Prefería acechar a los recién casados de la quinta vecina.

En la planta baja, un balcón iluminado y dos mozos que tienden el mantel y encienden los candelabros de plata sobre la mesa.

En el primer piso otro balcón iluminado. Tras la cortina movediza de un sauce, ése era el balcón que atraía mis miradas más ávidas.

El marido tendido en el diván. Ella sentada frente al espejo, absorta en la contemplación de su propia imagen y llevándose cuidadosamente a ratos la mano a la mejilla, como para alisar una arruga imaginaria. Ella cepillando su espesa cabellera castaña, sacudiéndola como una bandera, perfumándola.

Me costaba ir a extenderme en mi estrecha cama, bajo la lámpara de aceite cuya mariposa titubeante deformaba y paseaba por las paredes la sombra del crucifijo.

Alicia, nunca me gustó mirar un crucifijo, tú lo sabes. Si en la sacristía empleaba todo mi dinero en comprar estampas era porque me regocijaban las alas blancas y espumosas de los ángeles y porque, a menudo, los ángeles se parecían a nuestras primas mayores, las que tenían novios, iban a bailes y se ponían brillantes en el pelo.

A todos afligió la indiferencia con que hice mi primera comunión.

Jamás me conturbó un retiro, ni una prédica. ¡Dios me parecía tan lejano, y tan severo!.

Hablo del Dios que me imponía la religión, porque bien pueda que exista otro: un Dios más secreto y más comprensivo, el Dios que a menudo me hiciera presentir Zoila.

Porque ella, mi mamá, déspota, enfermera y censora, nunca logró comunicarme su sentido práctico, pero sí todas las supersticiones de su espíritu tan fuerte como sencillo.

—Chiquilla, ¡la luna nueva! Salúdala tres veces y pide tres cosas que Dios te las dará en seguida... ¡Una araña corriendo por el techo a estas horas! Novedad tendremos... ¡Jesús, quebraste ese espejo! Torcida va a andar tu suerte mientras no rompas vidrio blanco...

Y, Alicia, figúrate, a medida que iba viviendo, aquellos signos pueriles que sin yo saberlo consideraba ya «¡Advertencia de Dios!» iban cambiando y siendo remplazados por otros signos más sutiles.

No sé cómo explicarte. Ciertas coincidencias extrañas, ciertas ansiedades sin objeto, ciertas palabras o gestos míos que mi inteligencia no hubiera podido encontrar por sí sola; y tantas otras pequeñas cosas, difíciles de captar y aún más de contar, empezaron a antojárseme signos de algo, alguien, observándome escondido y entretejiendo a ratos parte de su voluntad dentro de la aventura de mi vida.

Claro está, las manifestaciones de ese «alguien» eran oscuras, a menudo contradictorias. Sin embargo, ¿qué de veces me obligaron a preguntarme miedosamente si un Dios muy orgulloso, pero también anhelante de que se lo presintiera, se lo buscara, se lo deseara... no alentaba quizás, invisible y cerca?

Pero, Alicia, tú bien sabes que este «valle de lágrimas» como sueles decir, impertérrita a la sonrisa burlona de tu marido; este valle, sus lágrimas y gente, sus pequeñeces y goces acapararon siempre lo mejor de mis días y sentir.

Y es posible, más que posible, Alicia, que yo no tenga alma.

Deben tener alma los que la sienten dentro de sí bullir y reclamar. Tal vez sean los hombres como las plantas; no todas están llamadas a retoñar y las hay en las arenas que viven sin sed de agua porque carecen de hambrientas raíces.

Y puede, puede así, que las muertes no sean todas iguales. Puede que hasta después de la muerte todos sigamos distintos caminos.

Pero reza, Alicia, reza. Me gusta ver rezar, tú lo sabes.

¡Qué no daría, sin embargo, mi pobre Alicia, por que te fuera concedida en tierra una partícula de la felicidad que te está reservada en tu cielo! Me duele tu palidez, tu tristeza. Hasta tus cabellos parecen habértelos desteñido las penas.

¿Recuerdas tus dorados cabellos de niña? ¿Y recuerdas la envidia mía y la de las primas? Porque eras rubia te admirábamos, te creíamos la más bonita. ¿Recuerdas?

Ahora sólo queda, cerca de ella, el marido de María Griselda.

¡Cómo es posible que ella también llame a su hijo: el marido de María Griselda!

¿Por qué? ¡Porque cela a su hermosa mujer! ¡Porque la mantiene aislada en un lejano fundo del sur!

La noche entera ella ha estado extrañando la presencia de su nuera y la ha molestado la actitud de Alberto; de este hijo que no ha hecho sino moverse, pasear miradas inquietas alrededor del cuarto.

Ahora que, echado sobre una silla, descansa, duerme tal vez, ¿qué nota en él de nuevo, de extraño... de terrible?

Sus párpados. Son los párpados los que lo cambian, los que la espantan; unos párpados rugosos y secos, como si, cerrados noche a noche sobre una pasión taciturna, se hubieran marchitado, quemados desde adentro.

Es curioso que lo note por primera vez. ¿O simplemente es natural que se afine en los muertos la percepción de cuanto es signo de muerte?

De pronto aquellos párpados bajos comienzan a mirarla fijamente, con la insondable fijeza con que miran los ojos de un demente.

¡Oh, abre los ojos, Alberto!

Como si respondiera a la súplica, los abre, en efecto... para echar una nueva mirada recelosa a su alrededor. Ahora se acerca a ella, su madre amortajada, y la toca en la frente como para cerciorarse de que está bien muerta.

117

Tranquilizado, se encamina resuelto hacia el fondo del cuarto.

Ella lo oye moverse en la penumbra, tantear los muebles, como si buscara algo.

Ahora vuelve sobre sus pasos con un retrato entre las manos.

Ahora pega a la llama de uno de los cirios la imagen de María Griselda y se dedica a quemarla concienzudamente, y sus rasgos se distienden apaciguados a medida que la bella imagen se esfuma, se parte en cenizas.

Salvo una muerta, nadie sabe ni sabrá jamás cuánto lo han hecho sufrir esas numerosas efigies de su mujer, rayos por donde ella se evade, a pesar de su vigilancia.

¿No entrega acaso un poco de su belleza en cada retrato? ¿No existe acaso en cada uno de ellos una posibilidad de comunicación?

Sí, pero ya el fuego deshojó el último. Ya no queda más que una sola María Griselda; la que mantiene secuestrada allá en un lejano fundo del sur.

¡Oh, Alberto, mi pobre hijo!

Alguien, algo, la toma de la mano.

—«Vamos, vamos…»

—«¿Adónde?»

—«Vamos».

Y va. Alguien, algo la arrastra, la guía a través de una ciudad abandonada y recubierta por una capa de polvo de ceniza, tal como si sobre ella hubiera delicadamente soplado una brisa macabra.

Anda. Anochece. Anda.

Un prado. En el corazón mismo de aquella ciudad maldita, un prado recién regado y fosforescente de insectos.

Da un paso. Y atraviesa el doble anillo de niebla que lo circunda. Y entra en las luciérnagas, hasta los hombros, como en un flotante polvo de oro.

Ay. ¿Qué fuerza es ésta que la envuelve y la arrebata?

Hela aquí, nuevamente inmóvil, tendida boca arriba en el amplio lecho.

Liviana. Se siente liviana. Intenta moverse y no puede. Es como si la capa más secreta, más profunda de su cuerpo se revolviera aprisionada dentro de otras capas más pesadas que no pudiera alzar y que la retienen clavada, ahí, entre el chisporroteo aceitoso de dos cirios.

El día quema horas, minutos, segundos.

—«Vamos».

—«No».

Fatigada, anhela, sin embargo desprenderse de aquella partícula de conciencia que la mantiene atada a la vida, y dejarse llevar hacia atrás, hasta el profundo y muelle abismo que siente allá abajo.

Pero una inquietud la mueve a no desasirse del último nudo.

Mientras el día quema horas, minutos, segundos.


Este hombre moreno y enjuto al que la fiebre hace temblar los labios como si le estuviera hablando. ¡Que se vaya! No quiere oírlo.

—«¡Ana María, levántate!»

Levántate para vedarme una vez más la entrada de tu cuarto. Levántate para esquivarme o para herirme, para quitarme día a día la vida y la alegría. Pero, ¡levántate, levántate!

¡Tú, muerta!

Tú incorporada, en un breve segundo, a esa raza implacable que nos mira agitarnos, desdeñosa e inmóvil.

Tú, minuto por minuto cayendo un poco más en el pasado. Y las substancias vivas de que estabas hecha, separándose, escurriéndose por cauces distintos, como ríos que no lograrán jamás volver sobre su curso. ¡Jamás!

«Ana María, ¡si supieras cuánto, cuánto te he querido!»

¡Este hombre! ¡Por qué aún amortajada le impone su amor!

Es raro que un amor humille, no consiga sino humillar.

El amor de Fernando la humilló siempre. La hacía sentirse más pobre. No era la enfermedad que le manchaba la piel y le agriaba el carácter lo que le molestaba en él, ni como a todos, su desagradable inteligencia, altanera y positiva.

Lo despreciaba porque no era feliz, porque no tenía suerte.

¿De qué manera se impuso sin embargo en su vida hasta volvérsele un mal necesario? Él bien lo sabe: haciéndose su confidente.

¡Ah, sus confidencias! ¡Qué arrepentimiento la embargaba siempre, después!

Oscuramente presentía que Fernando se alimentaba de su rabia o de su tristeza; que mientras ella hablaba, él analizaba, calculaba, gozaba sus desengaños, creyendo tal vez que la cercarían hasta arrojarla inevitablemente en sus brazos. Presentía que con sus cargos y sus quejas suministraba material a la secreta envidia que él abrigaba contra su marido. Porque fingía menospreciarlo y lo envidiaba: le envidiaba precisamente los defectos que le merecían su reprobación.

¡Fernando! Durante largos años, qué de noches, ante el terror de una velada solitaria, ella lo llamó a su lado, frente al fuego que empezaba a arder en los gruesos troncos de la chimenea. En vano se proponía hablarle de cosas indiferentes. Junto con la hora y la llama, el veneno crecía, le trepaba por la garganta hasta los labios, y comenzaba a hablar.

Hablaba y él escuchaba. Jamás tuvo una palabra de consuelo, ni propuso una solución ni atemperó una duda, jamás. Pero escuchaba, escuchaba atentamente lo que sus hijos solían calificar de celos, de manías.

Después de la primera confidencia, la segunda y la tercera afluyeron naturalmente y las siguientes también, pero ya casi contra su voluntad.

En seguida, la fue imposible poner un dique a su incontinencia. Lo había admitido en su intimidad y no era bastante fuerte para echarlo.

Pero no supo que podía odiarlo hasta esa noche en que él se confió a su vez.

¡La frialdad con que le contó aquel despertar junto al cuerpo ya inerte de su mujer, la frialdad con que le habló del famoso tubo de veronal encontrado vacío sobre el velador!

Durante varias horas había dormido junto a una muerta y su contacto no había marcado su carne con el más leve temblor.

—«¡Pobre Inés! —decía—. Aún no logro explicarme el porqué de su resolución. No parecía triste ni deprimida. Ninguna rareza aparente tampoco. De vez en cuando, sin embargo, recuerdo haberla sorprendido mirándome fijamente como si me estuviera viendo por primera vez. Me dejó. ¡Qué me importa que no fuera para seguir a un amante! Me dejó. El amor se me ha escurrido, se me escurrirá siempre, como se escurre el agua de entre dos manos cerradas».

«¡Oh, Ana María, ninguno de los dos hemos nacido bajo estrella que lo preserve...!» Dijo, y ella enrojeció como si le hubiera descargado a traición una bofetada en pleno rostro.

¿Con qué derecho la consideraba su igual?

En un brusco desdoblamiento lo había visto y se había visto, él y ella, los dos junto a la chimenea. Dos seres al margen del amor, al margen de la vida, teniéndose las manos y suspirando, recordando, envidiando. Dos pobres. Y como los pobres se consuelan entre ellos, tal vez algún día, ellos dos... ¡Ah, no! ¡Eso no! ¡Eso jamás, jamás!

Desde aquella noche solía detestarlo. Pero nunca pudo huirlo.

Ensayó, sí, muchas veces. Pero Fernando sonreía indulgente a sus acogidas de pronto glaciales; soportaba, imperturbable, las vejaciones, adivinando quizás que luchaba en vano contra el extraño sentimiento que la empujaba hacia él, adivinando que recaería sobre su pecho, ebria de nuevas confidencias.

¡Sus confidencias! ¡Cuántas veces quiso rehuirlas él también! Antonio, los hijos; los hijos y Antonio. Sólo ellos ocupaban el pensamiento de esa mujer, tenían derecho a su ternura, a su dolor.

Mucho, mucho debió quererla para escuchar tantos años sus insidiosas palabras, para permitirle que le desgarrase así, suave y laboriosamente, el corazón.

Y sin embargo, no supo ser débil y humilde hasta lo último.

«Ana María, tus mentiras, debí haber fingido también creerlas. ¡Tu marido celoso de ti, de nuestra amistad!

¿Por qué no haber aceptado esta inocente invención tuya si halagaba tu amor propio? No. Prefería perder terreno en tu afecto antes que parecerte cándido.

Más que mi mala suerte fue, Ana María, mi torpeza la que impidió que me quisieras.

Te veo inclinada al borde de la chimenea, echar cenizas sobre las brasas mortecinas; te veo arrollar el tejido, cerrar el piano, doblar los periódicos tirados sobre los muebles.

Te veo acercarte a mí, despeinada y doliente: —«Buenas noches, Fernando. Siento haberle hablado aún de todo esto. La verdad es que Antonio no me quiso nunca. Entonces, ¿a qué protestar, a qué luchar? Buenas noches». Y tu mano se aferraba a la mía en una despedida interminable, y a pesar tuyo tus ojos me interrogaban, imploraban un desmentido a tus últimas palabras.

Y yo, yo, envidioso, mezquino, egoísta, me iba sin desplegar los labios más que para murmurar: «Buenas noches».

Sin embargo, mucho me ha de ser perdonado, porque mi amor te perdonó mucho.

Hasta que te encontré, cuando se me hería en mi orgullo dejaba automáticamente de amar, y no perdonaba jamás. Mi mujer habría podido decírtelo, ella que no obtuvo de mí ni un reproche, ni un recuerdo, ni una flor en su tumba.

Por ti, sólo por ti, Ana María, he conocido el amor que se humilla, resiste a la ofensa y perdona la ofensa.

¡Por ti, sólo por ti!

Tal vez había sonado para mí la hora de la piedad, hora en que nos hacemos solidarios hasta del enemigo llamado a sufrir nuestro propio mísero destino.

Tal vez amaba en ti ese patético comienzo de destrucción. Nunca hermosura alguna me conmovió tanto como esa tuya en decadencia.

Amé tu tez marchita que hacía resaltar la frescura de tus labios y la esplendidez de tus anchas cejas pasadas de moda, de tus cejas lisas y brillantes como una franja de terciopelo nuevo. Amé tu cuerpo maduro en el cual la gracilidad del cuello y de los tobillos ganaban, por contraste, una doble y enternecedora seducción. Pero no quiero quitarte méritos. Me seducía también tu inteligencia porque era la voz de tu sensibilidad y de tu instinto.

Qué de veces te obligué a precisar una exclamación, un comentario.

Tú enmudecías, colérica, presumiendo que me burlaba.

Y no, Ana María, siempre me creíste más fuerte de lo que era. Te admiraba. Admiraba esa tranquila inteligencia tuya cuyas raíces estaban hundidas en lo oscuro de tu ser.

—«¿Sabe lo que hace agradable e íntimo este cuarto? El reflejo y la sombra del árbol arrimado a la ventana. Las casas no debieran ser nunca más altas que los árboles», decías.

O aún: «No se mueva. ¡Ay, qué silencio! El aire parece de cristal. En tardes como ésta me da miedo hasta de pestañear. ¿Sabe uno acaso dónde terminan los gestos? ¡Tal vez si levanto la mano, provoque en otros mundos la trizadura de una estrella!»

Sí, te admiraba y te comprendía.

Oh, Ana María, si hubieras querido, de tu desgracia y mi desdicha hubiéramos podido construir un afecto, una vida; y muchos habrían rondado envidiosos alrededor de nuestra unión como se ronda alrededor de un verdadero amor, de la felicidad.

¡Si hubieras querido! Pero ni siquiera tomaste en cuenta mi paciencia. Nunca me agradeciste una gentileza. Nunca.

Me guardabas rencor porque te apreciaba y conocía más que nadie, yo, el hombre que tú no amabas».


Pobre Fernando, ¡cómo tiembla! Casi no puede tenerse en pie. ¡Va a desmayarse!

Un muchacho comparte el temor de la amortajada. Fred, que se acerca, pone la mano sobre el hombro del enfermo y le habla en voz baja. Pero Fernando sacude la cabeza, y se niega, tal vez, a salir del cuarto.

Entonces ella observa cómo Fred lo empuja hacia un sillón y se inclina solícito. Y el pasado tierno que la presencia del muchacho volcó en su corazón desborda por sobre esta imagen de Fernando entre los brazos de Fred, el hijo preferido.

Recuerdo que, de niño, Fred teníale miedo a los espejos y solía hablar en sueños un idioma desconocido.

Recuerda el verano de la gran sequía y aquella tarde, en que a eso de las tres, Fernando le había dicho: «¿Si fuéramos hasta los terrenos que compré ayer?»

Los niños treparon al break sin titubear.

Antonio alegó lo de siempre: que era desagradable salir a esa hora.

Pero ella, para no decepcionar a Fernando y cuidar que los niños no expusieran sus cabezas al sol, había aceptado la poco dichosa invitación.

«Estaremos de vuelta mucho antes de la comida», gritó a su marido en tanto el coche se alejaba. Pero Antonio que fumaba, recostado en la mecedora, ni se dignó agitar la mano.

Y así hubo de sobrellevar muda y ofendida los primeros diez minutos de llanura polvorienta.

Los perros de Fred, esa jauría hecha de todos los perros vagos del fundo, siguieron un instante el carruaje. Luego se quedaron bebiendo en el barro de una acequia.

Los niños se movían incesantemente, gritaban, cantaban, hacían preguntas. Ella, agobiada por el calor, sonreía sin contestarles. Y el coche avanzaba así, entre una doble fila de lechuzas que, gravemente erguidas sobre los postes del alambrado, los miraban pasar.

«Tío Fernando, quiero una lechuza. Toma, aquí tienes tu escopeta, mata una lechuza para mí. ¿Por qué no? ¿Por qué, tío Fernando? Yo quiero una lechuza. Ésa. No, ésta no. Esta otra...»

Y Fernando accedió como accedía siempre cuando Anita se le colgaba de una manga y lo miraba en los ojos. Por temor de caer en desgracia ante la niña, halagaba siempre sus malas pasiones. La llamaba: Princesa, y apedreaba junto con ella las pequeñas lagartijas que se escurrían horizontales por las tapias del jardín.

Fernando detuvo los caballos, apoyó la escopeta contra el hombro y apuntó a la lechuza que desde un poste los observaba, confiada, sin moverse.

Una breve detonación paró de golpe el inmenso palpitar de las cigarras, y el pájaro cayó fulminado al pie del poste. Anita corrió a recogerlo. El canto de las cigarras se elevó de nuevo como un grito. Y ellos reanudaron la marcha.

Sobre las rodillas de la niña, la lechuza mantenía abiertos los ojos, unos ojos redondos, amarillos y mojados, fijos como una amenaza. Pero, sin inmutarse, la niña sostenía la mirada. «No está bien muerta. Me ve. Ahora cierra los ojos poquito a poco... ¡Mamá, mamá, los párpados le salen de abajo!»

Pero ella no la escuchaba sino a medias, atenta a la masa violeta y sombría que, desde el fondo del horizonte, avanzaba al encuentro del carruaje.

«¡Niños, a subir el toldo! Una tormenta se nos viene encima».

Fue cosa de un instante. Fue sólo un viento oscuro que barrió contra ellos, ramas secas, pedregullo e insectos muertos.

Cuando lograron transponerlo, la vieja armazón del break temblaba entera, el cielo se extendía gris y el silencio era tan absoluto que daban deseos de removerlo como a un agua demasiado espesa.

Bruscamente, habían descendido a otro clima, a otro tiempo, a otra región.

Los caballos corrían despavoridos por una llanura que ninguno recordaba haber visto jamás. Y así arrastraron el coche hasta una granja en ruinas.

De pie, en el umbral sin puerta, un hombre parecía esperarlos.

—«¿El camino a San Roberto, por favor?»

El peón —¿era un peón?—, calzaba botas y tenía una fusta en la mano. Los miró extrañamente, tardó un segundo y contestó:

—«Sigan derecho. Encontrarán un puente. Doblen luego a la izquierda».

—«Gracias».

Los caballos emprendieron de nuevo su inquietante carrera. Y entonces, Fred con cautela se arrimó a ella y la llamó en voz muy baja:

—«Mamá, ¿te fijaste en los ojos del hombre? Eran iguales a los de la...»

Aterrada se había vuelto hacia su hija para gritarle:

—«Tira esa lechuza; tírala he dicho, que te mancha el vestido».

¿El puente? Cuántas horas erraron en su busca. No sabe.

Sólo recuerda que en un determinado momento ella había ordenado: «Volvamos».

Fernando obedeció en silencio y emprendió aquel interminable regreso durante el cual la noche se les echó encima.

La llanura, un monte, otra vez la llanura y otra vez un monte.

Y la llanura aún.

«Tengo hambre», murmuraba tímidamente Alberto.

Anita dormía, recostada contra Fernando, y la felicidad de Fernando era tan evidente que ella procuraba no mirarlo, presa de un singular pudor.

Bruscamente uno de los caballos resbaló y se desplomó largo a largo.

Dentro del coche se hizo un breve silencio. Luego, como si revivieran de golpe, los niños se precipitaron coche abajo, prorrumpiendo en gritos y suspiros.

Fernando habló por fin. «Ana María, estoy perdido desde hace horas», dijo.

Los niños corrían en la oscuridad del campo. «Aquí debe haber llovido», chillaba Alberto hundido hasta la rodilla en un lodazal.

Apremiado por Fernando el caballo se erguía tambaleante, caía y se volvía a alzar relinchando sordamente.

—«Ana María, más vale no seguir el viaje. Los caballos están extenuados. El coche no tiene faroles. Esperemos que amanezca».

Instantáneamente Fernando golpeó las manos para reunir a los niños dispersos.

—«¡Nos vamos! ¡Nos vamos! ¿Y Fred? ¿Dónde está Fred? ¡Fred!, ¡Fred!»

—«¡Hu, hu!» —gritó una voz, mientras a lo lejos, un punto de luz se encendía y apagaba.

—«Se ha llevado la linterna sorda y está jugando a la luciérnaga» —explicaron los hermanos.

Recuerda cómo echó pie a tierra y se internó rabiosa entre las zarzas, mal segura sobre sus altos tacones.

—«Fred, nos vamos. ¿Qué haces ahí?»

Inmóvil ante un arbusto cuyas ramas mantenía alzadas, Fred, por toda respuesta le hizo una seña misteriosa. Y como si le comunicara un secreto, fijó contra el fango el redondel de luz.

Entonces ella vio, pegada a la tierra, una enorme cineraria. Una cineraria de un azul oscuro, violento y mojado, y que temblaba levemente.

Durante el espacio de un segundo el niño y ella permanecieron con la vista fija en la flor, que parecía respirar.

De pronto Fred desvió la luz y la tétrica cosa se hundió en la sombra.

¿Por qué persistió en ella la imagen azul y fría? ¿Por

qué sus carnes se apretaban temblorosas mientras volvía hacia el coche apoyada en el hombro de Fred? ¿Por qué había dicho suavemente a Fernando: «Tiene razón. Es peligroso seguir viaje. Esperemos que amanezca»?

Como si hubieran oído una orden, los niños estiraron las mantas.

Distingue aún como en sueños a su hijo Alberto que se acerca para taparla, que le pega un coscorrón a Fred, para dormir, solo, contra ella y bajo el mismo abrigo.

Nunca, no, nunca olvidó el terror que los sobrecogió al despertar.

Un paso más y aquella noche habrían desaparecido todos. El coche estaba detenido al borde de la escarpa. Y allá, en lo hondo, debajo de una espesa neblina, y encajonado entre las dos pendientes, adivinaron, corriendo a negros borbotones, el río.

Desde aquel día memorable ella había vigilado a Fred, inquieta, sin saber por qué. Pero el niño no parecía tener conciencia de ese sexto sentido, que lo vinculaba a la tierra y a lo secreto.

Y aun cuando fue un muchacho insolente y robusto lo siguió cuidando como a un ser delicado. Sólo porque de repente, y en el momento más inesperado, solía mirarla con los ojos pueriles y graves del niño misterioso de ayer.

«No lo niegues, solía decirle Antonio, es tu preferido, le perdonas todo». Ella sonreía. Era cierto que le perdonaba todo, hasta la rudeza con que se desprendía de ella cuando se inclinaba para besarlo.

¿Y cómo olvidar aquella pequeña mano que durante tres días y tres noches, en el cuarto de una clínica, se aferró a la suya sin soltarla? Durante tres días ella no había comido y durante tres noches había dormido sentada al borde del lecho, torturada por esa mano ávida de Fred, que le transmitía el sufrimiento y la obligaba a hundirse, junto con él, en la pesadilla y el ahogo.

Poco a poco, sin advertirlo, ella se había acostumbrado a su fastidiosa presencia.

Abominaba el deseo que brillaba en los ojos de Fernando, y sin embargo, la halagaba ese irreflexivo homenaje cotidiano.

Ahora recuerda, como en una última confidencia, a Beatriz, la íntima amiga de su hija. Recuerda su patética voz de contralto. Apenas sabía cantar, pero cuando ella la acompañaba al piano, lograba sobreponer su torpeza. Tenía en la garganta cierta nota de terciopelo, grave y tierna a la vez, que su voluntad prolongaba, amplificaba, sofocaba dulcemente. Recuerda el otoño pasado y sus noches sin luna, estridentes y claras.

«Apenas levantados de la mesa, tú, Fernando, te apresurabas a salir con el cigarrillo en los labios, esperando que te siguiera para apoyarme a tu lado contra la balaustrada de la terraza. Pero yo corría a instalarme frente al piano. Y Beatriz empezaba a cantar.

Uno, dos, tres lieder me esperabas de pie, luego te sentabas en el escaño de hierro, la espalda apoyada contra las enredaderas del muro.

Hasta el salón culebreaba el humo de los cigarrillos, que encendías uno en la colilla del otro, sin compasión por tu salud.

Nada me importaba tu enervamiento, la humedad que las madreselvas alentaban sobre tus hombros. Mañana estarías enfermo, por cierto, pero ¿era, acaso, yo culpable de que te empeñases, taciturno, en esperarme al frío, culpable de que la música me apasionara cien veces más que tu compañía?

Muchas veces, inmediatamente después del acorde final subí furtivamente a mi cuarto sin esperar tu vuelta, negándote la limosna de las buenas noches.

Nunca se me ocurrió pensar que fuera una crueldad inútil; creía que tu presencia o tu ausencia me dejaban indiferente.

Una noche, sin embargo, entre una romanza y otra me asomé a la terraza.

No encontré a nadie sobre el escaño de hierro.

¿Por qué te habías marchado sin avisar? ¿Y en qué momento? Ni a lo lejos resonaba el galope de tus caballos.

Recuerdo mi desconcierto. Di unos pasos, respiré fuerte, levanté los ojos.

Había en el cielo un hormigueo tal de estrellas, que debí bajarlos casi en seguida, presa de vértigo. Vi entonces el jardín, los potreros crudamente golpeados por una luz directa, uniforme, y tuve frío.

Frente al piano, otra vez, me acometió un gran desaliento.

Ya no me interesaba la música ni el canto de Beatriz. No encontraba ya razón de ser a mis gestos.

Oh, Fernando, me habías envuelto en tus redes. Para sentirme vivir, necesité desde entonces a mi lado ese constante sufrimiento tuyo.

Qué de veces durante mi enfermedad me incorporé en el lecho para escucharte con delicia rondar la puerta que te había vedado.

¡Pobre Fernando! Ahora se acerca para tocarle tímidamente los cabellos; sus largos cabellos de muerta, crecidos hasta durante esa noche.

Abren de golpe las persianas. Luz gris, ¿de amanecer, de atardecer?

Ni una sombra es posible ya en el cuarto a la luz de esta fea luz. Las cosas se destacan con dureza. Algo revolotea pesadamente entre las flores y se posa sobre la sábana, algo abyecto... una mosca.

Fernando ha levantado la cabeza. Por fin logrará lo que tanto anheló.

¿Por qué titubea y detiene su impulso ahora que puede besarla?

¿Por qué la mira fijamente y no la besa? ¿Por qué?

Recién entonces, ella ve sus propios pies. Los ve extrañamente erguidos y puestos allá, al extremo de la colcha, como dos cosas ajenas a su cuerpo.

Y porque veló en vida a muchos muertos, la amortajada 'comprende. Comprende que en el espacio de un minuto inasible ha cambiado su ser. Que al levantar Fernando los ojos había hallado a una estatua de cera en el lugar en que yacía la mujer codiciada.

Cuantos entran al cuarto se mueven ahora tranquilos, se mueven indiferentes a ese cuerpo de mujer, lívido y remoto, cuya carne parece hecha de otra materia que la de ellos.

Sólo Fernando sigue con la mirada fija en ella; y sus labios temblorosos parecen casi articular su pensamiento.

«Ana María, ¡es posible! ¡Me descansa tu muerte!

Tu muerte ha extirpado de raíz esa inquietud que día y noche me azuzaba a mí, un hombre de cincuenta años tras tu sonrisa, tu llamado de mujer ociosa.

En las noches frías del invierno mis pobres caballos no arrastrarán más entre tu fundo y el mío aquel sulky con un enfermo adentro, tiritando de frío y mal humor. Ya no necesitaré combatir la angustia en que me sumía una frase, un reproche tuyo, una mezquina actitud mía.

Necesitaba tanto descansar, Ana María. ¡Me descansa tu muerte!

De hoy en adelante no me ocuparán más tus problemas sino los trabajos del fundo, mis intereses políticos. Sin miedo a tus sarcasmos o a mis pensamientos reposaré extendido varias horas al día, como lo requiere mi salud. Me interesará la lectura de un libro, la conversación con un amigo; estrenaré con gusto una pipa, un tabaco nuevo.

Sí, volveré a gozar los humildes placeres que la vida no me ha quitado aún y que mi amor por ti me envenenaba en su fuente.

Volveré a dormir, Ana María, a dormir hasta bien entrada la mañana, como duermen los que nadie ni nada apremia. Ninguna alegría, pero tampoco ninguna amargura.

Sí, estoy contento. Ya no necesitaré defenderme contra un nuevo dolor cada día.

Me sabías egoísta, ¿verdad? Pero no sabías hasta dónde era capaz de llegar mi egoísmo. Tal vez deseé tu muerte, Ana María».

131

El día quema horas, minutos, segundos.

Muy entrada la tarde, llega, por fin, el hombre que ella esperaba.

El vacío que hacen alrededor de su cama le previene que se encuentra en la casa y que espera tal vez en la habitación contigua.

Durante un espacio de tiempo que le parece interminable, nada altera el silencio.

Apoyado contra el quicio de la puerta, adivina, de pronto, a su marido.

Lo han dejado solo, dueño y señor de aquella muerte. Y allí está inmóvil, concentrando fuerzas para poder afrontarla con dignidad.

Ella empieza entonces a remover cenizas, retrocediendo entremedio hasta un tiempo muy lejano, hasta una ciudad inmensa, callada y triste, hasta una casa donde llegó cierta noche.

¿A qué hora? No sabría decirlo.

Ya en el tren, extenuada por el largo viaje, había reclinado la cabeza sobre el hombro de Antonio. El ramo de azahares prendido a su manguito alentaba una azucarada fragancia que la mareaba ligeramente y le impedía prestar atención a cuanto le murmuraba su joven marido.

Pero, ¿importaba? ¿No repetía acaso lo que le contó ya una, dos y muchas veces?

«...Que ella tejía, no hacía sino tejer en la veranda de cristales que abría sobre el jardín... y que la suerte había querido que el fundo de él, aquella negra selva inculta, no dispusiera de un solo camino transitable; que así, de paso por un camino prestado, pudo admirarla, tarde a tarde, durante un año... que un pesado nudo de trenzas negras doblegaba hacia atrás su cabeza, su pequeña y pálida frente. Aquella primavera, como para tocar su mejilla, un árbol entraba al aposento, sus ramas cargadas de flores y de abejas... y era fácil para él acecharla entonces; no necesitaba tan siquiera bajarse del caballo... que apenas el invierno acortó los días, cobró audacia y fue a apoyar la frente contra los vidrios, y que, largo rato, desde la oscuridad de la noche, solía abismarse en la contemplación de la lámpara, del fuego en la chimenea y de aquella muchacha silenciosa que tejía extendida en una larga mecedora de paja. A menudo, como si lo presintiera allí agazapado tras la oscuridad, ella levantaba los ojos y sonreía distraídamente, al azar. Sus pupilas tenían el color de la miel y despedían siempre la misma mirada perezosa y dulce. La nieve aleteó una vez sobre sus espaldas de intruso; en vano pesaba sobre el ala de su sombrero, y se le adhería a las pestañas. Enamorado ya, perdidamente, continuó a pesar de todo, gozando de esa sonrisa que no iba dirigida a él...»

El ramo de azahares prendido a su manguito, su malsano aroma que la adormecía, le quitaba fuerzas para reaccionar violentamente y gritarle: «Te equivocas. Era engañosa mi indolencia. Si solamente hubieras tirado del hilo de mi lana, si hubieras, malla por malla, deshecho mi tejido... a cada una se enredaba un borrascoso pensamiento y un nombre que no olvidaré».

En aquella fría alcoba nupcial, cuántas veces, al volver del primer sueño, intentó traspasar el espeso velo de oscuridad que se le pegaba a los ojos.

Su corazón latía azorado. Era tan profunda aquella oscuridad. ¿No estaría ciega?

Estiraba los brazos, palpaba nerviosamente a su alrededor, se aprestaba sofocada a saltar del lecho, cuando una mano de fuego se le posaba sobre el seno, la tumbaba nuevamente hacia atrás. Y como si viniera a tocarle una heri-

133

da, el gesto de aquella mano imperiosa la tornaba débil y gimiente, cada vez.

Recuerda que permanecía inmóvil, anhelando primero detener, luego desalentar con su pasividad el asalto amoroso; y permanecía inmóvil hasta durante el último, el definitivo beso.

Pero cierta noche sobrevino aquello, aquello que ella ignoraba.

Fue como si del centro de sus entrañas naciera un hirviente y lento escalofrío que junto con cada caricia empezara a subir, a crecer, a envolverla en anillos hasta la raíz de los cabellos, hasta empuñarla por la garganta, cortarle la respiración y sacudirla para arrojarla finalmente, exhausta y desembriagada, contra el lecho revuelto.

¡El placer! ¡Con que era eso el placer! ¡Ese estremecimiento, ese inmenso aletazo y ese recaer unidos en la misma vergüenza!

¡Pobre Antonio, qué extrañeza la suya ante el rechazo casi inmediato! Nunca, nunca supo hasta qué punto lo odiaba todas las noches en aquel momento.

Nunca supo que noche tras noche, la enloquecida niña que estrechaba en sus brazos, apretando los dientes con ira intentaba conjurar el urgente escalofrío. Que ya no luchaba sólo contra las caricias sino contra el temblor que, noche a noche, esas caricias lograban, inexorables, hacer brotar en su carne.


Amanece, había pensado ella, cuando la criada abrió las persianas a su primera mañana de casada, tan escasa era la luz que penetró en la fría estancia.

Sin embargo, su marido la requería desde fuera: «Levántate».

Recuerda como si fuera hoy el jardín estrecho y sin flores, tapizado de musgo sombrío y el estanque de tinta sobre cuya superficie se recortó su propia imagen envuelta en el largo peinador blanco.

Pobre Antonio. ¿Qué gritaba? «Es un espejo, un espejo grande para que desde el balcón te peines las trenzas».

¡Ah, peinarse eternamente las trenzas a esa desoladora luz de amanecer!

Miró afligida el paisaje que se reflejaba invertido a sus pies. Unos muros muy altos. Una casa de piedra verdosa. Ella y su marido como suspendidos entre dos abismos: el cielo, y el cielo en el agua.

—«Lindo, ¿verdad? Mira, lo rompes y se vuelve a armar...»

Riendo siempre, Antonio agitó el brazo para lanzar con violencia un guijarro que allá abajo fue a herir a su desposada en plena frente.

Miles de culebras fosforescentes estallaron en el estanque y el paisaje que había dentro se retorció, y se rompió.

Recuerda. Asiéndose de la balaustrada de hierro forjado, había cerrado los ojos, conmovida por un miedo pueril.

—«El fin del mundo. Así ha de ser. Lo he visto».

La nueva casa; aquella casa incómoda y suntuosa donde habían muerto los padres de Antonio y donde él mismo había nacido. Su nueva casa, recuerda haberla odiado desde el instante en que franqueó la puerta de entrada.

¡Qué distinta del pabellón de madera fragante cuyo luminoso interior invitaba a espiar por los cristales!

Tal vez tuviera algún parecido con la vieja casa de su abuela en la ciudad de provincia donde pasó su primera infancia, donde residió durante el invierno y se presentó en sociedad.

Pero, ¿dónde están la sala de billar, el costurero, el jardín con olor a toronjil?

Aquí, ni una sola chimenea —y ¡horror! el espejo del vestíbulo trizado de arriba abajo—; largos salones cuyos muebles parecían definitivamente enfundados de brin.

Recuerda que erraba de cuarto en cuarto buscando en vano un rincón a su gusto. Se perdía en los corredores. En las escaleras espléndidamente alfombradas, su pie chocaba contra la varilla de bronce de cada escalón.

No lograba orientarse, no lograba adaptarse.

Invariablemente, a la caída de la tarde, Antonio instalaba a su mujer en el fondo del cupé, le cubría las rodillas con una piel y se recostaba a su lado.

Jamás llegaron, sin embargo, hasta la casa de la madrina paralítica que dormitaba pegada al brasero de plata. Y la vieja sobreviviente de esa familia extinguida los esperó, en vano, tarde a tarde, junto al té servido —y bajó a reposar con los suyos sin conocer a la que iba a continuar su raza.

—«Iremos mañana» —suspiraba el enamorado marido apenas el coche franqueaba el portal—, «hoy déjame mirarte, déjame quererte». Y vagaban al azar.

Así, recién casada, trabó conocimiento con aquella ciudad inmensa, callada y triste.

Al final de sus estrechas calles, divisaban siempre las escarpadas montañas. La población estaba cercada de granito, como sumida en un pozo de la alta cordillera, aislada hasta del viento.

Y ella, acostumbrada al eterno susurrar de los trigos, de los bosques, al chasquido del río golpeando las piedras erguidas contra la corriente, había empezado a sentir miedo de ese silencio absoluto y total que solía despertarla durante las noches.

La perseguía la imagen del mundo que vio destrozarse el primer día en el estanque. Aquel silencio se le antojaba el presagio de una catástrofe.

Tal vez un volcán ignorado de todos acechaba, muy cerca, el momento de estallar y aniquilar.


Había anhelado entonces refugiarse en algo que le fuera familiar, en un gesto, en un recuerdo.

No reconocía su cuerpo disfrazado de vestidos nuevos, sus cabellos mal peinados. Pero Zoila, ¿por qué la habría criado tan haragana? ¿Por qué no le habría enseñado a apretar su pesada cabellera?

Día a día aplazaba el deseo de abrir sus maletas para buscar, retratos, objetos, una prenda cordial. El frío, un frío insólito la estaba volviendo cobarde, sin iniciativa, y sus dedos transidos no atinaban ni a anudar un lazo de cinta.

Trataba de pensar en cuánto había dejado hacía tan sólo un par de meses. Entornaba los ojos procurando evocar un cuarto tibio, y no lo veía sino revuelto por la precipitación de la partida; el gran salón de fiestas donde temblaban las lágrimas de cristal de las arañas y donde, con las trenzas recogidas por primera vez, bailó cierta noche locamente hasta el amanecer, y no lo encontraba sino en aquella tarde gris en que su padre le había dicho: «Chiquilla, abraza a tu novio».

Entonces ella se había acercado obediente a ese hombre tan arrogante... y. tan rico, se había empinado para besar su mejilla.

Recordaba que al apartarse, la habían impresionado el rostro grave de la abuela y las manos temblorosas de su padre. Recordaba haber pensado en Zoila y en las primas, que presentía con el oído pegado a la puerta. Y haber sentido asimismo la solicitud con que la habían rodeado durante tantos años.

Y no; ya no era capaz sino de evocar el temor que se había apoderado de ella a partir de ese instante, la angustia que crecía con los días y el obstinado silencio de Ricardo.

Pero, ¿cómo volver sobre una mentira? ¿Cómo decir que se había casado por despecho?

Si Antonio... Pero Antonio no era el tirano ni el ser anodino que hubiera deseado por marido. Era el hombre enamorado, pero enérgico y discreto a quien no podía despreciar.


Un día, al fin, como si despertara de su embriaguez de amor, su marido la había mirado largamente; una mirada inquisidora, tierna.

—«Ana María, dime, ¿alguna vez llegarás a quererme como yo te quiero?»

¡Dios mío, aquella humildad tan digna! A ella se le habían agolpado las lágrimas a los ojos.

—«Yo te quiero, Antonio, pero estoy triste».

Entonces él había continuado con el mismo tono razonable y dulce.

—«¿Qué debo hacer para que no estés triste? Si la casa no te gusta la transformaré a tu antojo. Si te aburres, sola conmigo, desde mañana veremos gente. Daremos una gran fiesta; tengo muchos amigos aquí».

Pero ella movía de un lado a otro la cabeza murmurando:

—«No, no...»

Ahora le era odioso el tono de Antonio, ahora una sorda aflicción remontaba en ella. ¿Qué le estaba proponiendo? ¿Organizar toda una existencia allí, en ese fondo de mar, sin familia, entre amigos flamantes y servidores desconocidos?

«—Tal vez extrañes ciertas diversiones. Haré venir del fundo un par de alazanes e iremos al Parque, por las mañanas. Ana María, habla, di: ¿qué quieres?

Se había aferrado al brazo de su marido deseando hablar, explicar, y fue aquí donde su pánico, rebelde, saltó por sobre todo argumento:

—«Quiero irme».

Él la miró intensamente. Nunca había visto ella palidecer a nadie. Desde ese momento supo lo que era: una blancura insólita afilando el pómulo, una cara inmóvil donde sólo viven los ojos, brillantes y fijos.

Y fue así como Antonio la devolvió a su padre, por un tiempo.

Ay, no se duerme impunemente tantas noches al lado de un hombre joven y enamorado.

Un desaliento se había apoderado de ella al reanudar su antigua existencia. Parecíale estar repitiendo gestos que hubiera agotado ayer de todo interés.

Erraba del bosque a la casa, de la casa al aserradero,

138

sorprendida de no encontrar ya razón de ser a una vida que se le antojaba completa. ¡Es posible que en algunas semanas nuestros sueños y nuestras costumbres, cuanto parecía formar parte de nosotros mismos pueda volvérsenos ajeno! Bajo el tul del mosquitero su cama le parecía ahora estrecha, fría; estúpido —de un mal gusto que la humillaba—, el papel salpicado de nomeolvides que tapizaba el cuarto. ¿Cómo pudo vivir allí tanto tiempo sin cobrarle odio?

Cierta noche soñó que amaba a su marido. De un amor que era un sentimiento extrañamente, desesperadamente dulce, una ternura desgarradora que le llenaba el pecho de suspiros y a la que se entregaba lacia y ardorosa.

Despertó llorando. Contra la almohada, en la oscuridad, llamó, entonces despacito: «¡Antonio!»

Si en aquel instante hubiera tenido el valor de no pronunciar ese nombre, otro fuera tal vez su destino.

Pero llamó: Antonio, y en ella se había hecho la singular revelación.

«No se duerme impunemente tantas noches al lado de un hombre joven y enamorado». Necesitaba su valor, su abrazo, todo el hostigoso amor que había repudiado.

Recordó un lecho amplio, desordenado y tibio.

Añoró el momento en que aferrado a sus trenzas como para retenerla, Antonio se aprestaba a dormir. Unas sacudidas muy leves contra su cadera venían a anunciarle, entonces, que su marido se desprendía poco a poco de la vida, resbalaba en la inconsciencia. Luego, aquella sien abandonada sobre su hombro de mala esposa empezaba a latir fuertemente, como si toda la sensibilidad de ese cuerpo afluyera y fuera a golpear ahí.

Una gran emoción, un gran respeto la conmovían ahora al pensar con qué generosidad sin límites él le entregaba su sueño.

Y anheló besar esa sien confiada de Antonio, que era de noche la parte más vulnerable de su ser.

Mes a mes, la ausencia —él tardó en acudir al persistente llamado de la familia; reclamaba tiempo para su herida— fue acrecentando el arrepentimiento, la sed amorosa.

Caía el otoño, en la casa de la abuela ardían los primeros braseros cuando Antonio se dignó venir.

Recuerda. Llegaba exhausta del fundo y no atinó tan siquiera a arreglar sus trenzas deshechas, su tez fatigada. Entró directamente al sombrío escritorio donde su marido la esperaba fumando.

—«¡Antonio!»

—«¿Cómo estás?» —replicó una voz tranquila, desconocida.

Muy poca cosa consigue resucitar de aquella entrevista que ahora sabe definitiva.

Reconsidera y nota que de su vida entera quédanle sólo en el recuerdo, como signos de identificación, la inflexión de una voz o el gesto de una mano que hila en el espacio la oscura voluntad del destino.

Qué absurda, qué lejana debió parecerle a Antonio, en aquel momento, la pasión que abrigó por la muchacha ahora despeinada y flaca que sollozaba a sus pies y le rodeaba la cintura con los brazos.

La cara hundida en la chaqueta de un hombre indiferente, ella buscaba el olor, la tibieza del fervoroso marido de ayer.

Recuerda y siente aún sobre la nuca una mano perdonadora que la apartaba, sin embargo, dulcemente...

Y así fue luego y siempre, siempre.

Vivieron en el fundo que ella indicó, el que le había dado su padre por dote. Pero Antonio guardó su selva negra, conservó su casa y sus intereses en la ciudad.

Un tono fácil, amable, pero jamás en él la alusión, el gesto que la permitieran rehabilitarse. Sin esfuerzo se había desprendido del pasado que a ella la había hecho esclava. Y de noche su abrazo era fuerte aún, tierno, sí, pero distante.

Entonces había conocido la peor de las soledades; la que en un amplio lecho se apodera de la carne estrechamente unida a otra carne adorada y distraída.

Su primogénito no consiguió devolverle el amor ni el espíritu de Antonio.

La enfermedad y la muerte tampoco crearon entre ellos la amarra del dolor.

Pero ella había aprendido a refugiarse en una familia, en una pena, a combatir la angustia rodeándose de hijos, de quehaceres.

Y eso acaso la salvó de nuevas y funestas pasiones. ¿Eso? No.

Fue que, a pesar de todo, durante su juventud entera no terminó de agotar los celos, el amor y la tristeza de la pasión que Antonio le había inspirado.

¡Él, en cambio, la engañó tantas veces!

Su vida galante subía hasta ella en una ola de anónimos y delaciones. Hubo un tiempo en que desdeñosa, aunque dolorida, rehuía las confidencias, amparada en su categoría de mujer legítima, segura de que ello representaba una elección, un puesto de honor definitivo en el corazón distante de su marido.

Hasta el día aquel...

Fue una mañana. Retrasada a causa de sus largos cabellos, desde el cuarto de baño consideraba a través de la puerta medio abierta, el dormitorio en desorden, cuando Antonio entró inesperadamente de vuelta de la caza. Creyéndose solo, mantenía el sombrero echado sobre la oreja y masticaba una ramita de boj. Segundos después, al acercarse al velador para depositar la cartuchera, su bota tropezó con una chinela de cuero azul.

Y entonces, oh entonces —ella vio y nunca pudo olvidarlo—, brutalmente, con rabia, casi, la arrojó lejos de sí de un puntapié.

Y en un segundo, en ese breve segundo se produjo en ella el brusco despertar a una verdad, verdad que llevó tal vez adentro desde mucho y esquivaba mirar de frente. Comprendió que ella no era, no había sido sino una de las múl-

141

tiples pasiones de Antonio, una pasión que las circunstancias habían encadenado a su vida. La toleraba nada más; la aceptaba, tascando el freno, como la consecuencia de un gesto irremediable.

Recuerda. Se había echado despacito hacia atrás, anhelando furiosamente pasar inadvertida. Atisbó un suspiro, luego el crujir del lecho bajo el peso del cuerpo de Antonio.

Era una mañana de sol y el día se anunciaba esplendoroso. Contra los vidrios empavonados de la ventana golpeaban en multitudes las libélulas. Del jardín subían los gritos de los niños persiguiéndose con la manguera de regar.

Todo un día de calor por delante. Tener que peinarse, que hablar, ordenar y sonreír. «¿La señora está triste con un tiempo tan lindo?...» «Mamá, ven a jugar con nosotros»... «¿Qué te pasa? ¿Por qué estás siempre de mal humor, Ana María?»

Tener que peinarse, que hablar, ordenar y sonreír. Tener que cumplir el túnel de un largo verano con ese puntapié en medio del corazón. Se había apoyado contra la pared, de golpe horriblemente fatigada.

Sus ojos se habían llenado de lágrimas que enjugó en seguida, pero ya, silenciosas afluían otras, y otras, y otras... No recuerda haber llorado nunca tanto.


Pasaron años. Años en que se retrajo y se fue volviendo día a día más limitada y mezquina.

¿Por qué, por qué la naturaleza de la mujer ha de ser tal que tenga que ser siempre un hombre el eje de su vida?

Los hombres, ellos, logran poner su pasión en otras cosas. Pero el destino de las mujeres es remover una pena de amor en una casa ordenada, ante una tapicería inconclusa.


En vano había agotado los inconscientes métodos de la pasión para reconquistar a Antonio; ternura, violencia, reproches, mutismo, asedio amoroso. Él la evitaba cariñosa y miedosamente, o fingía ignorar sus sombrías actitudes.

Pero, a veces, cuando extenuada moralmente, una momentánea indiferencia la hacía moverse con naturalidad, la simpatía y la confianza de su marido brotaban hacia ella espontáneamente. Entonces la invitaba a la ciudad, la llevaba al teatro, y hasta acompañábala a las tiendas. Y conversaba con ella de ella y de él, de los niños y de la vida «que era tan triste a pesar de todo», así decía él, él, la alegría hecha persona...

—Eres la mujer con más encanto que he conocido. Es lástima que seas mi mujer, Ana María, solía también decirle en aquellas ocasiones; y sus dientes tan blancos relucían en esa sonrisa suya que parecía tan franca; sus ojos prodigiosamente castaños la envolvían entre burlones y tiernos, y para no desviar el curso de esa caricia distante, ella refrenaba su impulso de echarle los brazos al cuello y besar esa hermosa frente de varón varonil.

¡Curioso esto de haber tenido que portarse así con los seres que ella más amó! Con Antonio, con sus hijos.

«Hay que ser juiciosa en amor», solía aconsejarse a sí misma.

Y había logrado en efecto muy a menudo ser juiciosa. Había logrado adaptar su propio vehemente amor al amor mediocre y limitado de los otros. Temblando de ternura y de verdad a menudo logró sonreír, frívolamente, para no espantar aquel poquito amor que venía a su encuentro. Porque el no amarlos demasiado sea tal vez la mejor prueba de amor que se pueda dar a ciertos seres, en ciertas ocasiones.

¿Es que todos los que han nacido para amar viven así como ella vivió?, ¿ahogando minuto a minuto lo más vital dentro de sí?

Recuerda todavía aquel viaje absurdo, y como de pesadilla cuando en el tren ella debía constantemente pararse y pasearse por los pasillos, a fin de adormecer su inquietud.

¡Oh, aquel tren que corría en la noche menos rápido que su pensamiento, hacia la ciudad en donde esperaba sorprender a Antonio.

¡A todo! Estaba dispuesta a todo, y a no tener piedad, ni caer en indulgencias de ninguna especie. Oleadas de furor la acometían por momentos con tanta violencia que la garganta se le apretaba en un espasmo doloroso...

Se ve aún, llegando de amanecer a una estación solitaria.

Luego fue aquella humillante antesala en el domicilio particular del abogado, a quien tuviera la audacia de hacer despertar. Recuerda como si fuera ayer su silencio reprobador al escucharla, y la delicadeza, la lentitud con que medía su respuesta:

—«No, esto no debe hacerse, Ana María, piense que Antonio es el padre de sus hijos; piense que hay medidas que una señora no puede tomar sin rebajarse. Tal vez sus propios hijos la criticarían más adelante. Por lo demás qué le puede importar a Ud. esa infeliz mujer a quien más seguro va a pesarle dentro de muy poco la imprudencia que está cometiendo...» ¡Un momento!, había exclamado de pronto intempestivamente. «Un momento», había agregado vacilante, luego habíase escurrido del cuarto.

¡No, aunque su vida entera nunca condescendiera a volver a verlo, no, en el fondo nunca guardó rencor al pobre hombre que, conociéndola desde niña, la había traicionado en sus planes tan bondadosa y torpemente como lo hubiera hecho su propio padre!

El hecho fue, que cuando la puerta volviera a abrirse había sido el propio Antonio quien había entrado al cuarto severo y pálido.

Acostumbrado siempre a ganar las batallas sobre una mujer temerosa de la herida que con una sola palabra tuviera el poder de infligirle, iniciaba ya un ademán de altanería, cuando temblando de ira empezó a injuriarlo por primera vez en su larga vida de casados. Y las injurias brotaron primero inteligentes y sagaces, luego tan absurdas e injustas que calló de golpe, avergonzada, dispuesta de antemano a toda represalia.

Pero no.

Él había continuado mirándola atentamente como lo hiciera durante todo su vehemente apóstrofe. Luego:

—¡Sin embargo me quieres! —había exclamado al fin con voz apenada—. ¡Y cuánto me quieres! Dime, ¿por qué, por qué?

Muy poco tiempo había durado aquella insólita reconciliación. Y muy pronto había vuelto él a su cortés indiferencia y ella a su inquina tan fuerte como el amor con que lo había vuelto a amar por espacio de unas breves semanas.

«Sufro, sufro de ti como de una herida constantemente abierta».

Durante años se había repetido en voz baja esta frase porque tenía el misterioso don de hacerla estallar en lágrimas. Tan sólo así lograba detener unos instantes el trabajo de la aguja ardiente que le laceraba sin tregua el corazón. Durante años, hasta el agotamiento, hasta el cansancio.

«Sufro, sufro de ti...», empezaba a suspirar un día cuando, de golpe, apretó los labios y calló avergonzada. ¿A qué seguir disimulándose a sí misma que, desde hacía tiempo, se forzaba para llorar?

Era verdad que sufría; pero ya no la apenaba el desamor de su marido, ya no la ablandaba la idea de su propia desdicha. Cierta irritación y un sordo rencor secaban, pervertían su sufrimiento.

Los años fueron hostigando luego esa irritación hasta la ira, convirtieron su tímido rencor en una idea bien determinada de desquite.

Y el odio vino entonces a prolongar el lazo que la unía a Antonio.

El odio, sí, un odio silencioso que en lugar de consumirla la fortificaba. Un odio que la hacía madurar grandiosos proyectos, casi siempre abortados en mezquinas venganzas.

145

El odio, sí, el odio, bajo cuya ala sombría respiraba, dormía, reía; el odio, su fin, su mejor ocupación. Un odio que las victorias no amainaban, que enardecían, como si la enfureciera encontrar tan poca resistencia.

Y ese odio la sacude aún ahora que oye acercarse al marido y lo ve arrodillarse junto a ella.

Él no la ha mirado.. Casi instantáneamente hunde la cara entre las manos y desploma medio cuerpo sobre el lecho.

Largo rato así inmóvil, parece, lejos de su mujer muerta, considerar algún ayer doloroso, un mundo infinito de cosas.

Ella siente con repugnancia pesar sobre su cadera esa cabeza aborrecida, pesar allí donde habían crecido y tan dulcemente pesado sus hijos. Con ira se pone a examinar por última vez esa cuidada cabellera castaña, ese cuello, esos hombros.

Repentinamente la hiere un detalle insólito. Muy pegada a la oreja advierte una arruga, una sola, muy fina, tan fina como un hilo de telaraña, pero una arruga, una verdadera arruga, la primera.

Dios mío, ¿aquello es posible? ¿Antonio no es inviolable?

No. Antonio no es inviolable. Esa única, imperceptible arruga no tardará en descolgársele hacia la mejilla, donde se abrirá muy pronto en dos, en cuatro; marcará, por fin, toda su cara. Lentamente empezará luego a corroer esa belleza que nada había conseguido alterar, y junto con ella irá desmoronando la arrogancia, el encanto, las posibilidades de aquel ser afortunado y cruel.

Como un resorte que se quiebra, como una energía que ha perdido su objeto, ha decaído de pronto en ella el impulso que la erguía implacable y venenosa, dispuesta siempre a morder. He aquí que su odio se ha vuelto pasivo, casi indulgente.

Cuando él levanta la cabeza, ella advierte asombrada

que llora. Sus lágrimas, las primeras que le vea verter resbalan por sus mejillas sin que él atine a enjugarlas, sorprendido por el arrebato de su propio llanto.

¡Llora, llora al fin! O puede que sólo llore su juventud que siente ida con esa muerta, puede que sólo llore fracasos cuyo recuerdo logró durante mucho tiempo aventar y que afluyen ahora inaplazables junto con el primer embate. Pero ella sabe que la primera lágrima es un cauce abierto a todas las demás, que el dolor y quizás también el remordimiento han conseguido hender una brecha en ese empedernido corazón, brecha por donde, en lo sucesivo se infiltrarán con la regularidad de una marea que leyes misteriosas impelen a golpear, a roer, a destruir.

De hoy en adelante, por lo menos, conocerá lo que importa llevar un muerto en el pasado. Jamás, no gozar jamás enteramente de nada. En cada goce, hasta en el más simple —una luna de invierno, una noche de fiesta— cierto vacío, cierta extraña sensación de soledad.

A medida que las lágrimas brotan, se deslizan, caen, ella siente su odio retraerse, evaporarse. No, ya no odia. ¿Puede acaso odiar a un pobre ser, como ella destinado a la vejez y a la tristeza?

No. No lo odia. Pero tampoco lo ama. Y he aquí que al dejar de amarlo y de odiarlo siente deshacerse el último nudo de su estructura vital. Nada le importa ya. Es como si no tuviera ya razón de ser ni ella ni su pasado. Un gran hastío la cerca, se siente tambalear hacia atrás. ¡Oh esta súbita rebeldía! Este deseo que la atormenta de incorporarse gimiendo: «¡Quiero vivir. Devuélvanme, devuélvanme mi odio!»


—«Vamos...»

Del fondo de una carretera, ardiente bajo el sol, avanzan a su encuentro inmensos remolinos de polvo. Hela aquí arrollada en impalpables sábanas de fuego.

—«Vamos, vamos».

147

—«¿Adónde?»

—«Más allá».

Resignada, reclina la mejilla contra el hombro hueco de la muerte.

Y alguien, algo, la empuja canal abajo a una región húmeda de bosques. Aquella lucecita, a lo lejos, ¿qué es? ¿Aquella tranquila lucecita? Es María Griselda, que se apresta a cenar. Junto con el crepúsculo ha pedido la lámpara y ha hecho disponer el cubierto sobre la mesa de mimbre de la terraza. Junto con el crepúsculo los peones abrieron las compuertas para regar el césped y los tres macizos de clavelinas. Y del jardín sumergido sube hacia la solitaria una ola de fragancia.

Las falenas aletean contra la pantalla encendida, rozan medio chamuscadas el blanco mantel.

¡Oh, María Griselda! No tengas miedo si sobre la escalinata los perros se han erguido con los pelos erizados; soy yo.

Secuestrada, melancólica, así te veo, mi dulce nuera. Veo tu cuerpo admirable y un poco pesado que soporta unas piernas de garza. Veo tus trenzas retintas, tu tez pálida, tu altivo perfil. Y veo tus ojos, tus ojos estrechos, de un verde sombrío igual a esas natas de musgo flotante estancadas en la superficie de las aguas forestales.

María Griselda, sólo yo he podido quererte. Porque yo y nadie más logró perdonarte tanta y tan inverosímil belleza.

Ahora soplo la lámpara. No tengas miedo, deseo acariciarte el hombro al pasar.

¿Por qué has saltado de tu asiento? No tiembles así. Me voy, María Griselda, me voy.

Una corriente la empuja, la empuja canal abajo por un trópico cuya vegetación va descolorándose a medida que la tierra se parte en mil y mil apretados islotes. Bajo el follaje pálido, transparente, nada más que campos de begonias. ¡Oh, las begonias de pulpa acuosa! La naturaleza entera aspira, se nutre aquí de agua, nada más que de agua. Y la corriente la empuja siempre lentamente, y junto con ella, enormes nudos de plantas a cuyas raíces viajan enlazadas las dulces culebras.

Y sobre todo este mundo por el que muerta se desliza, parece haberse detenido y cernirse, eterna, la lívida luz de un relámpago.

El cielo, sin embargo, está cargado de astros; estrella que ella mire, como respondiendo a un llamado, corre veloz y cae.

«¡No te vayas, tú, tú...!»

¿Qué grito es éste? ¿Qué labios buscan y palpan sus manos, su cuello, su frente?

Debiera estar prohibido a los vivos tocar la carne misteriosa de los muertos.

Los labios de su hija, acariciando su cuerpo, han detenido en él ese leve hormigueo de sus más profundas células, la han vuelto, de golpe, tan lúcida y apegada a lo que la rodea, como si no hubiera muerto nunca.

—«Mi pobre hija, te conocí arrebatos de cólera, nunca una expresión desordenada de dolor como la que te impulsa ahora a sollozar, prendida a mí con fuerza de histérica. «Es fría, es dura hasta con su madre», decían todos. Y no, no eras fría; eras joven, joven simplemente. Tu ternura hacia mí era un germen que llevabas dentro y que mi muerte ha forzado y obligado a madurar en una sola noche.

Ningún gesto mío consiguió jamás provocar lo que mi muerte logra al fin. Ya ves, la muerte es también un acto de vida.

No llores, no llores, ¡si supieras! Continuaré alentando en ti y evolucionando y cambiando como si estuviera viva; me amarás, me desecharás y volverás a quererme. Y tal vez mueras tú, antes que yo me agote y muera en ti. No llores...»

Vienen, la levantan del lecho con infinitas precauciones, la acomodan en una larga caja de madera. Un ramo de claveles rueda sobre la alfombra. Lo recogen y se lo echan a los pies. Luego van amontonando el resto de las flores sobre ella como quien tiende una sábana.

¡Qué bien se amolda el cuerpo al ataúd!

No la tienta el menor deseo de incorporarse. ¡Ignoraba que pudiera haber estado tan cansada!

Ve oscilar el cielo raso; resbalar; sus ojos entreabiertos perciben casi en seguida otro, blanqueado hace poco; es el de su cuarto de vestir.

Una enorme rasgadura, obra del último temblor, la hace reconocerse luego en el cuarto de alojados. Largas filas de habitaciones van mostrándole así ángulos, moldes, vigas familiares. Ante cada puerta se produce matemáticamente un breve alto y ella adivina que la excesiva estrechez del umbral dificulta el paso de quienes la cargan.

He aquí, sacrilegio, que pisotean la alfombra azul. ¿Quién se habrá atrevido a traerla al vestíbulo? ¿Y para qué? El piso lustrado sienta mil veces mejor al estilo de la casa.

Allí, expuesta al sol y a un constante ajetreo, va a marchitarse lo que, hasta hace poco, era el refugio de sus días de invierno. Sólo por hallarse extendida en un cuarto lejano y casi siempre cerrado se había conservado intacta y azul la alfombra azul.

Cuando el vendaval azotaba fuera, sus hijos solían hacerle una invitación singular que intrigaba a los extraños.

Decían: «Vamos a la playa». La playa era aquel cuadrado de alfombra esponjosa; allí corrían a recostarse de niños, con sus juguetes; más tarde con sus libros.

Y parecía realmente que el frío y el mal tiempo se detuvieran al borde de ese pedazo de lana cuyo color violento y alegre aclaraba los ojos y el humor, y que las horas transcurrieran en el cuarto cerrado, más cálidas, más íntimas.

Ella no hubiera permitido jamás que llevaran la alfombra azul al vestíbulo. ¿Quién se atrevió a abusar así de su enfermedad?

Dios mío, las aguas no se habían cerrado aún sobre su cabeza y las cosas cambiaban ya, la vida seguía su curso a pesar de ella, sin ella.

De pronto el cielo sobre sí.

Cae entonces en cuenta de que está en el descanso de la escalinata que baja al jardín. Aquí, el alto es más prolongado. Acaso estén cobrando fuerzas para seguir adelante.

¡El cielo! Un cielo plomizo donde los pájaros vuelan bajo. Dentro de unas horas lloverá nuevamente.

¡Qué hermoso atardecer desapacible y mojado! Nunca los amó así, y sin embargo, a éste le descubre su hosca belleza y hasta la regocija el leve soplo de aire que parece venir a rozarla por las junturas de la caja.

Ahora se siente sacudida, descendida. Ahora descansa en el último peldaño.

Aquí, era aquí donde se acurrucaba a tomar sol. Largamente permanecía reclinada con la mejilla contra el último peldaño, para robarle un poco de calor. Cuando sus hijos eran niños solían pegar también el oído, asegurando que algo se movía dentro, que la piedra palpitaba como un reloj o un corazón. Regada, esparcía el olor particular que despiden las pizarras después que, con la esponja, se ha borrado en ellas las tareas.

Otra vez corre el cielo sobre su cabeza.

¡Adiós, adiós piedra mía! Ignoraba que las cosas pudieran ocupar tanto lugar en nuestro afecto.

El cortejo ha echado a andar sobre el césped. Ella se siente impelida en un insólito vaivén; diríase que mecen blandamente el ataúd. Y de pronto, presiente, reconoce los fuertes brazos de sus dos hijos soportándolo atrás y adivina que a los pies la izquierda flaquea ligeramente porque va sostenida por su padre. Tratando de compensar ese desmayo, Ricardo presta el fervor de su apoyo a la derecha, ella lo sabe.

Y está segura de que muchos la rodean y muchos la siguen. Y le es infinitamente dulce sentirse así transportada, con las manos sobre el pecho, como algo muy frágil, muy querido.

Por primera vez se siente entrar con majestad en la gran calle de árboles. Ya no la exaspera el altivo continente del álamo; por primera vez nota que su follaje tiene ondulación y reflejos de agua agitada.

Vienen luego a su encuentro los macizos eucaliptos. A lo largo de sus troncos, cuelgan, desprendidas, estrechas lonjas de corteza que descubren, por vetas, una desnudez celeste y lechosa.

Ella piensa enternecida: «Es curioso. Tampoco lo noté antes. Pierden la corteza igual que las culebras la piel en primavera...»

El viento levanta remolinos de hojas secas que golpean la caja con violencia de guijarros. Poco a poco se despeja el cielo. Ella divisa el disco, aún pálido, de la luna, en su cuarto creciente.


Ya el cortejo se interna en el bosque.

Y a ella la acometen deseos de apretar, de hacer crujir bajo el pie las espesas capas de agujas de pino que lo tapizan entero de color hierro enmohecido, deseos de inclinarse para mirar, por última vez, esa gran red plateada, nocturna huella tejida pacientemente encima por las babosas.

Ya la envuelven como un tercer sudario los vahos que suben del suelo, todo el acre perfume de las plantas que viven a la sombra.

Han franqueados los límites del parque. Ahora la llevan campo traviesa.

Más allá del rastrojal se extiende el terreno lagunoso. Una pesada neblina flota casi al ras del suelo, se apelotona entre los juncos.

El andar del cortejo se hace lento, difícil, toma por fin la cadencia de una marcha fúnebre.

Alguien se hunde en el fango hasta la rodilla; entonces el ataúd oscila violentamente y uno de sus costados toca tierra.

Ansias desconocidas la conmueven. ¡Oh, si la depositaran allí, a la intemperie! Anhela ser abandonada en el corazón de los pantanos para escuchar hasta el amanecer el canto que las ranas fabrican de agua y luna, en la garganta; y oír el crepitar aterciopelado de las mil burbujas del limo. Y aguzando el oído percibir aún el silbido siniestro con que en la carretera lejana se lamentan los alambres eléctricos; y distinguir, antes del alba, los primeros aleteos de los flamencos entre los cañaverales. ¡Ah, si fuera posible!

Pero no, no es posible. Ya la han enderezado, ya avanzan nuevamente.


De pronto un muro que limita el horizonte la recuerda el cementerio del pueblo y el amplio y claro panteón de familia.

Y hacia allá es a donde tiende la marcha.

La invade una gran tranquilidad.

Hay pobres mujeres enterradas, perdidas en cementerios inmensos como ciudades —y horror— hasta con calles asfaltadas. Y en los lechos de ciertos ríos de aguas negras las hay suicidas que las corrientes incesantemente golpean, roen, desfiguran y golpean. Y hay niñas, recién sepultas, a quienes deudos inquietos por encontrar, a su vez, espacio libre, en una cripta estrecha y sombría, redu-

153

cen y reducen deseosos casi hasta de borrarlas del mundo de los huesos. Y hay también jóvenes adúlteras que imprudentes citas atraen a barrios apartados y que un anónimo hace sorprender y recostar de un balazo sobre el pecho del amante, y cuyos cuerpos, profanados por las autopsias, se abandonan, días y días, a la infamia de la Morgue.

¡Oh, Dios mío, insensatos hay que dicen que una vez muertos no debe preocuparnos nuestro cuerpo! Ella se siente infinitamente dichosa de poder reposar entre ordenados cipreses, en la misma capilla donde su madre y varios hermanos duermen alineados; dichosa de que su cuerpo se disgregue allí, serenamente, honorablemente, bajo una losa con su nombre

#### TERESA, ANA MARÍA, CECILIA...

Su nombre, todos sus nombres, hasta los que desechó en vida. Y bajo éstos, dos fechas separadas por un guión.

Como el cortejo llega por fin a su destino, la última ráfaga de viento extingue, de golpe, el gorjeo de un surtidor. Dentro del panteón la noche va apagando las pedrerías del vitral. Frente al altar, el padre Carlos, revestido del alba y la estola, mueve los labios, sacude con unción el hisopo.

Que la paz sea contigo, Ana María, niña obcecada, voluntariosa y buena. Y que Dios te asista y reciba en Sí. Ese Dios del que te empecinaste en vivir apartada.

—Pero, si yo no tengo alma, padre. ¿No lo sabía? Te oigo todavía suspirar con fingida tristeza a fin de atajar mis amonestaciones.

Y te recuerdo aún mucho antes: colegiala menudita y bulliciosa, siempre distraída en la capilla, pero siempre primera en Historia Sagrada.

Aquellos exámenes de «fin de año» a los que especialmente invitado por la Madre Superiora yo no pudiera dispensarme de asistir, me confrontaban año tras año a una

Ana María investida de un entusiasmo religioso, muy ajeno a su idiosincrasia cotidiana.

¡Cuán vívida y fervorosamente lograbas comunicarnos episodios e imágenes!

Aquella gran maravilla: la zarza que ardiera y ardiera sin consumirse, y del medio de la cual una voz llamó de pronto: ¡Moisés, Moisés!

Y la milagrosa escala, poblada de ángeles y arcángeles que Dios tendiera a Jacob durante el sueño.

Y el Mar Rojo levantando sus aguas y abriéndose mansamente para dar paso al pueblo elegido.

Y la mano misteriosa inscribiendo en pleno festín sacrílego las tres palabras que anunciaran a Baltazar la inminente destrucción de su reino...

—Claro, me advertía la Madre Superiora, siempre será primera en Historia Sagrada porque la Historia Sagrada la entretiene; ¡pero vaya Ud. a hacerle la pregunta más elemental en Catecismo!

—Déjela, Reverenda Madre, déjela, insinuaba yo con cautela, después de todo, no hay camino, por estrecho que sea, que no lleve a Dios.

Recuerdo aún aquel día en que tu padre, afligido, viniera a consultarme.

—Carta del Sagrado Corazón, padre Carlos. La Madre Superiora desea hablar en serio conmigo respecto a Ana María... No se imagina, padre Carlos, cuánto le agradecería fuera usted en mi lugar a enterarse de la situación. Yo no sabría...

—Pero, ¿de qué situación se trata, don Gonzalo? Dígame las quejas que tienen contra Ana María.

—Bueno, parece ser que la niña dijo...

—Dije durante la clase de costura mientras bordábamos y madre Carmela nos explicaba entre una lectura y otra lo que era el Cielo... dije que no me importaría en absoluto no ir al Cielo porque me parecía un lugar bastante aburrido.

Hube de refrenar una sonrisa ante la expresión desesperada de madre Carmela, tan jovencita casi como sus alumnas, y aplazando el momento de aconsejarle no tratar de un tema tan delicado durante la clase de costura, me incliné hacia ti.

—Bueno, hija, y dime, ¿cómo te gustaría que fuera el Cielo?

Durante el celaje de un instante lo pensaste, luego:

—Me gustaría que fuera lo mismo que es esta tierra. Me gustaría que fuera como la hacienda en primavera cuando todas las matas de rosales están en flor, y el campo todo verde, y se oye el arrullo de las palomas a la hora de la siesta... Me gustaría, eso sí, algo que no hay en la hacienda: ...me gustaría que hubiera venaditos que no fueran asustadizos y vinieran a comer en mi mano... Y me gustaría también que mi primo Ricardo estuviera siempre conmigo, y se nos diera permiso para dormir de vez en cuando por las noches en el bosque, allí donde el césped es verdadero terciopelo, justo al borde del afluente...

Callaste. Hubo un silencio.

—¡Pero, si lo que me estás describiendo es el propio Paraíso Terrenal...! —te dije al fin profundamente perturbado.

—En efecto, padre Carlos, el Paraíso Terrenal del cual Adán y Eva fueron expulsados por causa de su desobediencia —intervino a este punto secamente la Madre Superiora— porque debo agregar que esta niña es además el peor ejemplo de desobediencia que se ha tenido desde las dos niñas Rozas. Ud. las recuerda, padre...


¡El Paraíso Terrenal, Ana María! Tu vida entera no fue sino la búsqueda ansiosa de ese jardín ya irremisiblemente vedado al hombre por el querubín de la espada de fuego.

Te recuerdo, adolescente y no obstante ya entregada al demonio de la ira y de la carne. Tu sobresalto de aquel día en que te sorprendí arrodillada en un rincón de nuestra iglesia de campo, de aquella humilde iglesita donde esa alma tuya, que renegabas, guiaba, sin embargo, tus pasos, cuando te sentías realmente desdichada.

—No, padre Carlos, por favor, no me hable de novenas, de nada piadoso... Si estoy aquí es porque hace agradable y fresco a esta hora del día, y además, porque nadie me está aquí mirando a la cara ni preguntándome lo que pienso o lo que no pienso... No, padre, lo siento, pero no tengo la menor intención de cumplir cuaresma... ¿Por qué? Porque estoy enojada con Dios. Eso es todo.

—¿Y se puede saber por qué está Ud. enojada con Dios?, recuerdo pregunté en tono de chanza mientras nos encaminábamos hacia mi salita parroquial; profundamente aliviado en el fondo no hubieras llegado hasta la extremidad de negar Su existencia.

—¿Por qué enojada? Porque su Dios nunca me escucha y nunca me da nada de lo que le pido.

—Tal vez pides lo que no ha de ser bueno para ti.

—Bueno para mí, bueno para mí —rezongaste.

¡Ay, tus ojos tristes, tu mirada desafiante de todo ese verano! Ojos, mirada que ostentabas aún bajo tu preciosa corona de azahares aquel mediodía en que bendije tu matrimonio.

Encontraste manera, sin embargo, de escurrirte a la sacristía inmediatamente después de la ceremonia.

—Adiós, padre, ruegue por mí —suspiraste casi a mi oído, y me abrazaste.

Y naturalmente que rogué por ti. Toda mi vida rogué por ti, por tu felicidad y ante todo, ante todo, por encontrar las palabras que lograran volverte a Dios.


—Ana María, en verdad, me preocupa seriamente su actitud.

—Pero, padre, ¿de qué actitud me está Ud. hablando? ¡Si ahora no falto jamás a misa los domingos y llevo yo misma los niños a comulgar todos los viernes! Y si no asistí a la Confirmación de Anita el jueves pasado fue porque no me sentía bien, se lo juro...

—No es a lo que me estoy refiriendo, Ana María, y

Ud. lo sabe. Hablaba del Retiro que Ud. me prometió hacer este verano.

—Ay, padre, no me recuerde esa promesa. Créame, por favor, un Retiro me sería imposible en estos momentos. Tengo demasiado que hacer. Ud. no puede darse cuenta de todo lo que hay que hacer en una casa como la mía, con Alicia, Luis y sus invitados, todos instalados yendo y viniendo como si mi hacienda fuera un balneario, y para colmo, Zoila, todo el tiempo, enfurecida y cada día más mandona. Y Antonio... ¡Oh, padre, si Ud. supiera lo que Antonio me está haciendo sufrir...! Por eso, créame si le digo que en este momento no podría rezar, ni recogerme, ni tan siquiera pensar...

—Claro está, sólo puedes recogerte y pensar cuando se trata de los miserables menesteres y preocupaciones de este triste mundo...

—¡Y si Dios lo hizo así, padre! ¿No va Ud. ahora a aconsejarme que menosprecie sus obras?

—¡Ana María, basta!, exclamé terminante, luego preso de una súbita congoja: Hija, en verdad yo ya no sé qué hacer contigo.

—¡Pues yo sí lo sé, padre! Reíste de pronto en uno de esos inesperados cambios de humor; parte de tu encanto, y viniendo a sentarte sobre el brazo de mi sillón, inclinaste hacia mí tu sonrisa maliciosa... Pídale a su Dios una gracia muy especial para mí. Un milagro, por ejemplo.

—¡Bueno, ésta sí que es soberbia! ¿Así es que pretendes que Dios venga a ti, sin tú molestarte en dar un paso hacia Él?

—¿Por qué no?

—Francamente, hija, francamente, iba yo a indignarme nuevamente cuando la pequeña Anita vino inocentemente a cortar el curso de nuestra discusión.

—El papá manda decir que lo estamos esperando para el partido de bochas, padre Carlos, dijo la niña. Fred y yo jugaremos con papá. Y Alberto y Doro (era el muchacho que ayudaba en la huerta), jugarán con Ud.

—¡Y yo!, te oigo todavía exclamar impetuosamente.

¡Qué se imaginan Uds. que soy yo...! ¿Quinta rueda de la carreta? No, yo también juego. Puedo turnarme partido por medio con Fred. Y esta vez mi querida Anita, te aseguro que ni Alberto ni Doro van a salirme adelante con las trampas de la última tarde.

—¡Oh, mamá!, musitó la niña con resignación mientras nos encaminábamos hacia la «cancha de bochas», Ud. cuando no gana siempre cree que es porque le han hecho trampa.


¡Cuán diferente de la joven y turbulenta Ana María que no aceptaba perder en los juegos me pareció aquella otra que hube de visitar hace tan sólo unos días en su lecho de enferma!

—Hija, ¿no te gustaría que te trajera la Santa Eucaristía cuando te sientas un poco mejor? Tal vez te ayudaría a sanar más pronto, insinué discretamente.

—¡Y por qué no!, contestaste de inmediato para sorpresa mía, ¿por qué no, padre, si con ello puedo darle a Ud. gusto?

—En ese caso, hija, ¿no le convendría confesarse ahora mismo?, ataqué yo rápidamente, fingiendo no haberme percatado de tu última reflexión.

—Preferiría mañana, padre... El doctor estará aquí en una media hora.

—Media hora nos basta.

—No lo creo, padre; y debo advertirle que nunca hasta ahora hubo de escuchar una lista de pecados mortales y veniales tan larga como va a ser la mía.

—Veo señora que el pecado de vanidad llevado hasta vanagloriarse del pecado bien podría ser su pecado mayor —repliqué yo tratando de contestarte a tono.

Me acuerdo, quisiste reír, pero en lugar de ello sofocaste una especie de gemido mientras recaías muy pálida sobre las almohadas. Y de pronto, aterrado, te vi tal cual te sentías y estabas desde hacía mucho: agotada y luchando con sonrisa falsamente traviesa contra un mal lento y sin piedad.

—Por favor, padre, le ruego no mirarme así... Todavía no estoy muerta, sabe. Tuviste aún el valor de hacerme broma. Luego agregaste:

—Pero vuelva mañana, padre, vuelva sin falta, ¿quiere Ud.?

—Sufre, murmuraba Alicia mientras me acompañaba fuera de la habitación, sin embargo el doctor dice que no hay nada serio que temer por el momento; al contrario hasta nota una ligera mejoría. Pero Ud. vendrá mañana de todas maneras, ¿no es así, padre? Fue un tal alivio oírla consentir al fin en confesarse. Si Ud. supiera cuánto he rogado por ello. ¿Y se fijó, se fijó Ud. en la mirada y la voz tan dulce con que le pedía volver?

Sí, naturalmente mi pobre Ana María, cómo hubiera podido no haber visto, sentido la mirada y tímida voz con la cual decías: Ven a Dios a través de ése, su humilde servidor.

El coche de la hacienda vino por mí a la mañana siguiente, mucho antes de la hora convenida.

—Un ataque repentino... te fallaba el corazón... hasta se temía no recobraras ya el conocimiento —Doro, todo jadeante, me informó.

¡Ay!, cuán lejos te encontrabas ya en el camino de nuestro último viaje cuando me incliné sobre tus pupilas ausentes que parecían contemplar algo muy fijamente dentro de ti misma.

—Hizo su acto de contrición ayer al consentir en confesarse, ¿no es verdad, padre?, repetía Alicia en medio de sus lágrimas.

Te di la absolución.

Alicia se desplomó sobre el hombro de su marido, compasivo con ella por excepción.

Te administré la Extrema Unción.

Luego permanecí a tu lado, rezando esas tres interminables horas que duró tu lucha.

Y digo tu «lucha». Porque en aquel estertor que desgarra, sostenido, la garganta de los agonizantes yo siempre adiviné y seguí la marcha determinada del alma en su dura jornada a través del cuerpo hasta la puerta tras la cual te encuentras, Tú, Señor, esperándonos con tu bondad y misericordia infinitas.

En el nombre del Padre, del Hijo y del Espíritu Santo. Que la paz sea contigo, Ana María, hija, adiós...


Y he aquí que, sumida en profunda oscuridad, ella se siente precipitada hacia abajo, precipitada vertiginosamente durante un tiempo ilimitado hacia abajo; como si hubieran cavado el fondo de la cripta y pretendieran sepultarla en las entrañas mismas de la tierra.


Y alguien, algo atrajo a la amortajada hacia el suelo otoñal. Y así fue como empezó a descender, fango abajo, por entre las raíces encrespadas de los árboles. Por entre las madrigueras donde pequeños y tímidos animales respiran acurrucados. Cayendo, a ratos, en blandos pozos de helada baba del diablo.

Descendía lenta, lenta, esquivando flores de hueso y extraños seres, de cuerpo viscoso, que miraban por dos estrechas hendiduras tocadas de rocío. Topando esqueletos humanos, maravillosamente blancos e intactos, cuyas orillas se encogían, como otrora en el vientre de la madre.

Hizo pie en el lecho de un antiguo mar y reposó allí largamente, entre pepitas de oro y caracolas milenarias.

Vertientes subterráneas la arrastraron luego en su carrera bajo inmensas bóvedas de bosques petrificados.

Ciertas emanaciones la atraían a un determinado centro, otras la rechazaban con violencia hacia las zonas de clima propicio a su materia.

¡Ah, si los hombres supieran lo que se encuentra bajo ellos, no hallarían tan simple beber el agua de las fuentes! Porque todo duerme en la tierra y todo despierta de la tierra.

Una vez más, la amortajada refluyó a la superficie de la vida.

En la oscuridad de la cripta, tuvo la impresión de que podía al fin moverse. Y hubiera podido, en efecto, empujar la tapa del ataúd, levantarse y volver derecha y fría, por los caminos, hasta el umbral de su casa.

Pero, nacidas de su cuerpo, sentía una infinidad de raíces hundirse y esparcirse en la tierra como una pujante telaraña por la que subía temblando, hasta ella, la constante palpitación del universo.

Y ya no deseaba sino quedarse crucificada a la tierra, sufriendo y gozando en su carne el ir y venir de lejanas, muy lejanas mareas; sintiendo crecer la hierba, emerger islas nuevas y abrirse, en otro continente la flor ignorada que no vive sino un día de eclipse. Y sintiendo aún bullir y estallar soles, y derrumbarse, quien sabe adónde, montañas gigantes de arena.

Lo juro. No tentó a la amortajada el menor deseo de incorporarse. Sola, podría, al fin, descansar, morir.

Había sufrido la muerte de los vivos. Ahora anhelaba la inmersión total, la segunda muerte: la muerte de los muertos.

# LA HISTORIA DE MARÍA GRISELDA

Recuerda que nadie había venido a su encuentro y que ella misma hubo de abrir la tranquera, mientras reteniendo los caballos, el cochero le insinuaba a modo de consolación:

Puede que del pueblo no hayan telefoneado que Ud. llegaba, tal como lo dejó recomendado.

Por toda respuesta, ella había suspirado muy hondo, extenuada de pensar en cuanto debiera sobrellevar para llegar hasta ese fundo perdido en la selva.

El tren. El alba en una triste estación. Y otro tren. Y otra estación. Y el pueblo, al fin. Pero en seguida, toda la mañana y la mitad de la tarde en aquel horrible coche alquilado...

Un relámpago había desgarrado el cielo y tiritado lívido durante el espacio de un segundo. Luego fue un golpe sordo. Un trueno. Y otra vez el silencio espesándose.

Ella había mirado entonces a su alrededor y notado de pronto que era casi invierno.

Un trueno. Un solo trueno. ¡Como un golpe de gong, como una señal! Desde lo alto de la cordillera, el equinoccio anunciaba que había empezado a hostigar los vientos dormidos, a apurar las aguas, a preparar las nevadas. Y ella recuerda que el eco de ese breve trueno repercutió largamente dentro de su ser, penetrándola de frío y de una angustia extraña, como si le hubiera anunciado asimismo el comienzo de algo maléfico para su vida...

En el último peldaño de la escalinata, un sapo levantaba hacia ella su cabecita trémula.

Está enamorado de María Griselda. Todas las tardes sale aquí a esperarla para verla cuando vuelve de su paseo a caballo, le explicó su hijo Fred, apartándolo delicadamente con el pie al pasar.

—¿Y Alberto? —había preguntado ella una vez dentro de la casa, mientras comprobaba con la mirada el desorden y el abandono de las salas: una cortina desprendida, flores secas en los floreros, una chimenea muerta y repleta de periódicos chamuscados.

—Está en el pueblo. Ha de volver esta misma tarde, creo.

—¡Es una lástima que ahí que lo saben y repiten todo en medio segundo, no le contasen de mi llegada! Pude haberme venido con él.

—Fue mejor que no se viniera con él, mamá.

Una serie de veladas alusiones temblaba en la voz de Fred, quien desde que saliera a abrirle la puerta de la casa esquivaba con obstinación mirarla de frente.

—Prende la chimenea, Fred. Tengo frío. ¡Cómo! ¿Que no hay leña a mano? ¿Qué hace la mujer de Alberto? ¿Considera acaso perjudicial para la belleza ser una dueña de casa?

—Oh, no, no es culpa de María Griselda este desorden. Es que somos tantos y... ¡Mamá! —gimió de pronto, de la misma manera que cuando de niño corría hacia ella porque se había hecho daño o porque tenía miedo. Pero esta vez no se le abrazó al cuello como lo hacía entonces. Por el contrario. Reprimiendo bruscamente su impulso, huyó al otro extremo del hall, para dejarse caer como avergonzado en un sillón.

Ella se le había acercado y poniéndole ambas manos sobre los hombros:

—¿Qué hay, Fred? —le había preguntado dulcemente—. ¿Qué les pasa a todos ustedes? ¿Por qué se quedan en esta casa que no es la de ustedes?

—Oh, mamá, es Silvia la que quiere quedarse. ¡Yo quiero irme! Acuérdese, mamá, acuérdese que fue también Silvia la que se obstinó en venir...

Sí. Ella recordaba el proyecto que le confiara a ella la novia de Fred pocos días antes del matrimonio, ¡aquel absurdo matrimonio de Fred, a quien sin haberse tan siquiera recibido de abogado se le ocurriera casarse con la debutante más tonta y más linda del año!

—Le he dicho a Fred que quiero que vayamos a pasar la luna de miel al fundo del Sur.

—¡Silvia!

—¡Por Dios, señora! No se enoje. Ya sé que Ud. y toda la familia nunca han querido ver ni conocer a la mujer de Alberto..., pero yo me muero de ganas de conocerla. ¡María Griselda! Dicen que es la mujer más linda que se haya visto jamás. Yo quiero que Fred la vea y diga: ¡Mentira, mentira, Silvia es la más linda!

Sí, ella recordaba todo esto, en tanto Fred seguía hablándole acaloradamente.

—...¡Oh, mamá, es una suerte que usted haya venido! Tal vez logre usted convencer a Silvia que es necesario que nos vayamos. Figúrese que se le ha ocurrido que estoy enamorado de María Griselda, que la encuentro más linda que ella... Y se empecina en quedarse para que yo reflexione, para que la compare con ella, para que elija... y qué sé yo. Está completamente loca. Y yo quiero irme. Necesito irme. Mis estudios... —Su voz, su temblor de animal acechado que quiere huir, presintiendo un peligro inminente.

Sí, ella como mujer comprendía ahora a Silvia. Comprendía su deseo de medirse con María Griselda y de arriesgarse a perderlo todo con tal de ser la primera y la única en todo ante los ojos de su marido.

—Fred, Silvia no se irá jamás si se lo pides de esa manera, como si tuvieras miedo...

—¡Miedo!... ¡Sí, mamá, eso es! Tengo miedo. ¡Pero si usted la viera! ¡Si la hubiese visto esta mañana! ¡Estaba de blanco y llevaba una dalia amarilla en el escote!

—¿Quién?

Fred había echado bruscamente los brazos alrededor de la cintura de su madre, apoyado la frente contra la frágil cadera y cerrado los ojos.

—María Griselda —suspiró al fin—. ¡Oh, mamá! ¿La ves? ¿La ves con su tez pálida y sus negros cabellos, con su cabecita de cisne y su porte majestuoso y melancólico, la ves vestida de blanco y con una dalia amarilla en el escote?

Y he ahí que, cómplice ya de su hijo, ella veía claramente vivir y moverse en su mente a la delicada y altiva criatura del retrato que le mandara Alberto.

—¡Oh, mamá, todos los días una imagen nueva, todos los días una nueva admiración por ella que combatir!... No, yo no puedo quedarme aquí ni un día más..., porque no puedo dejar de admirar a María Griselda cada día más..., de admirarla más que a Silvia, sí! ¡Y Silvia que no quiere irse! Háblele usted, mamá, trate de convencerla, por favor...

El tic-tac de un reloj repercutía por doquier como el corazón mismo de la casa. Y ella aguzaba el oído, tratando de ubicar el sitio exacto en donde estaría colocado ese reloj. «Es nuevo, ¿de dónde lo habrán sacado?», se preguntaba, involuntariamente distraída por aquella nimiedad mientras erraba por corredores y escaleras solitarias.

El cuarto de Zoila estaba vacío. Y era Zoila, sin embargo, la que la había inducido a franquear el umbral de esa casa repudiada.

¿No se había negado ella hasta entonces a reconocer la existencia de María Griselda, aquella muchacha desconocida con la que su hijo mayor se casara un día a escondidas de sus padres y de todos?

Pero la carta que le mandara Zoila, su vieja nodriza, habíala hecho pasar por sobre todas sus reservas.

«Señora, véngase inmediatamente para acá...», escribía Zoila. Desde que ella se casara, Zoila la llamó señora, pero, olvidando de pronto guardar las distancias, solía volver a tutearla como a una niña.

«...No te creas que exagero si te digo que aquí están pasando cosas muy raras. Tu hija Anita se sale siempre con la de ella; sin embargo, parece que esta vez no va a ser así y que hizo un buen disparate viniéndose a buscar a don Rodolfo. Si él le dejó de escribir, ¡por algo sería! Y mi opinión es que ella debió haber tenido el orgullo de olvidarlo. Así se lo dije el propio día que se le ocurrió venirse para acá. Pero a mí, ella no me hace caso... Y usted me obligó a acompañarla a estas serranías.

»Bueno, la verdad es que por muy de novio que esté con la Anita desde que eran niños, don Rodolfo ya no la quiere, porque está enamorado de la señora Griselda.

»No sé si te acuerdas que cuando me contaste que para ayudar a don Rodolfo —ya que el pobre no sirve para nada—, don Alberto lo había empleado en el fundo, yo te dije que me parecía que tu Alberto había hecho un buen disparate... pero a mí nadie me hace caso...»

Ella no se explicó nunca en vida, cómo ni por qué había encaminado sus pasos hacia el cuarto de Rodolfo y empujado la puerta... Ahora sabe que en momentos como aquéllos, es nuestro destino el que nos arrastra implacable y contra toda lógica hacia la tristeza que nos tiene deparada.

Sola, echada sobre el lecho de Rodolfo y con la frente hundida en las almohadas, así había encontrado a su hija Anita.

Había tardado en llamarla.

¡Oh, esa timidez que la embargaba siempre delante de Anita! Porque Fred se defendía, pero terminaba siempre por entregársele. Y saliendo de su mutismo, el taciturno Alberto solía tener con ella arranques de confianza y de brusca ternura.

Pero Anita, la soberbia Anita, no se dignó jamás dejarla penetrar en su intimidad. Desde que era muy niña solía llamarla Ana María, gozándose en que ella le respondiera sin reparar en la falta de respeto que significaba de parte de una hija adolescente el interpelar a la madre por el nombre.

Y más tarde, con qué piadosa altanería la miró siempre desde lo alto de sus estudios.

«Tiene un cerebro privilegiado esta muchacha.» Era la frase con que todos habían acunado a Anita desde que ésta tuviese uso de razón. Y ella se había sentido siempre orgullosa de aquella hija extraordinaria, delante de la cual vivió, sin embargo, eternamente intimidada...

—¡Anita! —cuando la llamó por fin, ésta levantó hacia ella una cara entre asombrada y gozosa, e iniciaba ya un gesto de cariñosa bienvenida, cuando animada por aquella inesperada recepción, ella le había declarado rápida y estúpidamente—: Anita, vengo a buscarte. Nos vamos mañana mismo.

Y Anita entonces había reprimido su impulso y había vuelto a ser Anita.

—Usted se olvida que pasé la edad en que la traen y llevan a una como una cosa.

Desconcertada ya a la primera respuesta y presintiendo una lucha demasiado dura para su sensibilidad, ella había empezado en seguida a suplicar, a tratar de persuadir...

—Anita, por ese muchacho tan insignificante, rebajarte y afligirte tú... ¡Tú, que tienes la vida por delante, tú, que puedes elegir el marido que se te antoje, tan orgullosa, tú, tan inteligente!

—No quiero ser inteligente, no quiero ser orgullosa y no quiero más marido que Rodolfo, y lo quiero así tal como es, insignificante y todo...

—¡Pero si él ya no te quiere!

—¡Y a mí qué me importa! Yo lo quiero, y eso me basta.

—¡Anita, Anita, regalona!... ¿Crees tú que es tu voluntad la que cuenta en este caso? No, Anita, créeme. Una mujer no consigue nunca nada de un hombre que la ha dejado de querer. Vente conmigo, Anita. No te expongas a cosas peores.

—¿A qué cosas?

—Ya que tú no le devuelves su palabra, Rodolfo es capaz de pedírtela un día de éstos.

—No, ya no puede.

—¿Y por qué no? —había preguntado ella ingenuamente.

—Porque ya no puede, si es que es un hombre y un caballero.

—¡Anita! —Ella había mirado a su hija mientras una oleada de sangre le abrasaba la cara—. ¿Qué pretendes decirme?

—¡Eso! Eso mismo que acaba de pensar.

—¡No! —había gritado. Y la otra mujer que había en ella, tratándose de sus hijos, se había rebelado con inmensa cólera.

—...¡Ah, el infame! ¡El infame!... ¡Se ha atrevido!... Tu padre, sí, tu padre va a matarlo... y yo... yo... ¡Ah, ese cobarde!

—Cálmese, mamá, Rodolfo no tiene la culpa. Él no quería. Fui yo la que quise. No, él no quería, no quería.

La voz se había quebrado en un sollozo y hundiendo nuevamente la cara en la almohada de Rodolfo, la orgullosa Anita se había echado a llorar como un niño.

—¡No quería! Yo lo busqué y lo busqué hasta que... Era la única manera de que no me dejara... la única manera de obligarle a casarse. Porque ahora... ahora usted tiene que ayudarme... tiene que decirle que lo sabe todo... obligarlo a casarse mañana mismo... porque él pretende esperar... y yo tengo miedo, no quiero esperar... porque yo lo adoro, lo adoro...

Anita lloraba. Y ella, ella se había tapado la cara con las manos, pero no lograba llorar.

¿Cuánto rato estuvo así, muda, yerta, anonadada? No recuerda. Sólo recuerda que como se escurriera al fin del cuarto, sin mirar a Anita, aquel reloj invisible empezó a sonar de nuevo su estruendoso tic-tac... como si emergiera de golpe junto con ella de las aguas heladas de un doloroso período de estupor.


Bajando el primer piso, había abierto impulsivamente la puerta del que fuera el cuarto de Alberto. Y como considerara sorprendida aquel cuarto ahora totalmente transformado por una mano delicada y graciosa, oyó unos pasos en el corredor.

—¡Es «ella»! —se dijo, conmovida bruscamente.

Pero no. No era María Griselda. Era Zoila.

—¡Por Dios, señora, recién me avisan que ha llegado! ¡Yo andaba por la lavandería...! ¡Y nadie para recibirla!

—¡Qué pálida estás! ¿Que no te sientes bien?

—Estoy cansada. ¿Y eso, qué es?... ¿Esas caras pegadas a los vidrios?

—Ya se apartaron... ¿Quiénes tratan de mirar para adentro?...

—Son los niños del campero que vienen siempre a dejarle flores a la señora Griselda, ahí al pie de la ventana. ¡La hallan tan bonita! Dicen que es más bonita que la propia Santísima Virgen...

—¿En dónde está Alberto? —había interrumpido ella secamente.

Zoila desvió la mirada.

—En el pueblo, supongo... —contestó después de una breve pausa, y en su voz temblaba la misma reticencia que a ella le inquietara en la voz de Fred.

—Pero, ¿qué pasa?, ¿qué pasa? —gritó, presa de pronto de una ira desproporcionada—. Desde cuándo se habla por enigmas en esta casa. ¿Dónde está Alberto? Contéstame claro, ¡te lo mando!

Una cortesía exagerada y mordaz solía ser la reacción de Zoila ante las inconsecuencias o las violencias de los patrones.

—¿La señora me ordena decirle en dónde está Alberto? —le había preguntado suavemente.

—Sí, claro.

—Pues... «tomando» por alguna parte ha de estar. Y por si quiere saber más, le diré que don Alberto se lo pasa ahora tomando... ¡él, que ni siquiera probaba vino en las comidas!

—Ah, ¡esa mujer! ¡Maldita sea esa mujer! —había estallado impetuosamente.

170

—Siempre atolondrada para juzgar Ud., señora. Nada se puede decir en contra de doña Griselda. ¡Es muy buena y se lleva todo el día encerrada aquí en el cuarto, cuando no sale a pasear sola, la pobrecita! Yo la he encontrado muchas veces llorando... porque don Alberto parece que la odiara a fuerza de tanto quererla. ¡Dios mío! ¡Si yo voy creyendo que ser tan bonita es una desgracia como cualquier otra!

Cuando ella entró al cuarto, luego de haber golpeado varias veces sin haber obtenido respuesta, Silvia se hallaba sentada frente al espejo, envuelta en un largo batón de gasa.

—¿Cómo estás, Silvia?

Pero la muchacha, a quien no pareció sorprenderle su intempestiva llegada, apenas si la saludó, tan abstraída se encontraba en la contemplación de su propia imagen.

—¡Qué linda estás, Silvia! —le había dicho ella entonces, tanto por costumbre como para romper aquella desconcertante situación... Silvia, mirándose al espejo atentamente, obstinadamente, como si no se hubiera visto nunca, y ella, de pie, contemplando a Silvia.

—¡Linda! ¿Yo? ¡No, no!... Yo creía serlo hasta que conocí a María Griselda. ¡María Griselda sí que es linda!

Su voz se trizó de improviso y como una enferma que recae extenuada sobre las almohadas de su lecho, Silvia volvió a sumirse en el agua de su espejo.

Los cristales de la ventana, apegados a la tarde gris, doblaban las múltiples lámparas encendidas sobre el peinador. En el árbol más cercano, un chuncho desgarraba, incesante, su pequeño grito misterioso y suave.

—Silvia, Fred acaba de decirme lo mucho que te quiere..., había empezado ella. —Pero la muchacha dejó escapar una risa amarga.

—Sin embargo, ¿qué cree Ud. que me contesta cuando le pregunto, quién es más linda, si María Griselda o yo?

—Te dirá que tú eres la más linda, naturalmente.

—No, me contesta: ¡Son tan distintas!

—Lo que quiere decir que te halla más linda a ti.

—No. Lo que quiere decir es que halla más linda a María Griselda y no se atreve a decírmelo.

—Y aunque así fuera, ¿qué te puede importar? ¿No eres acaso tú la mujer que él quiere?

—Sí, sí, pero no sé... No sé lo que me pasa... Oh, señora, ayúdeme. No sé qué hacer. ¡Me siento tan desgraciada!

Y he aquí que la muchacha había empezado a explicarle su mísero tormento:

«Por qué esa sensación de inferioridad en que la sumía siempre la presencia de María Griselda.

»Era raro. Ambas tenían la misma edad y, sin embargo, María Griselda la intimidaba.

»Y no era que ésta fuera orgullosa; no, por el contrario, era dulce y atenta y muy a menudo venía a golpear la puerta de su cuarto para conversar con ella.

»¿Por qué la intimidaba? Por sus gestos, tal vez. Por sus gestos tan armoniosos y seguros. Ninguno caía desordenado como los de ella, ninguno quedaba en suspenso... No, no le tenía envidia. ¿Fred no le decía acaso a ella: Eres más rubia que los trigos; tienes la piel dorada y suave como la de un durazno maduro; eres chiquita y graciosa como una ardilla; y tantas otras cosas?

»Sin embargo, ¿por qué ella deseaba comprender por qué razón cuando veía a María Griselda, cuando se topaba con sus ojos estrechos, de un verde turbio, no le gustaban ya sus propios ojos azules, límpidos y abiertos como estrellas? ¿Y por qué le parecía vano haberse arreglado horas frente al espejo, y encontraba ridícula esa sonrisa suya tan alabada con la que se complacía en mostrar sus maravillosos dientes, pequeñitos y blancos?

Y mientras Silvia hablaba y hablaba, y ella repetía y repetía el mismo argumento: Fred te quiere, Fred te quiere... en el árbol más cercano, el chuncho seguía desgarrando su breve grito insidioso y regular.»

Ella recuerda cómo al dejar a Silvia, sintió de pronto esa ansia irresistible de salir al aire libre y caminar, que se apodera del cuerpo en los momentos en que el alma se ahoga.

Y fue así que como ganara la tranquera, se encontró a Rodolfo reclinado a uno de sus postes, fumando y en actitud de espera.

¡Rodolfo! Ella lo había visto nacer, crecer; frívolo, buen muchacho y a ratos más afectuoso con ella que sus propios hijos. Y hela ahora aquí aceptando el beso con que él se apresuraba a saludarla, sorprendida de no sentir, al verlo, nada de lo que creía que iba a sentir. Ni cólera, ni despecho. Sólo la misma avergonzada congoja que la embargara delante de Anita.

—¿Esperabas a Alberto? —preguntó al fin, por decir algo.

—No, a María Griselda. Hace ya una hora que debiera haber vuelto. No me explico por qué ha alargado tanto su paseo esta tarde... venga, vamos a buscarla, la invitó de pronto, tomándola imperiosamente de la mano. Y fue así como cual cazadores de una huidiza gacela, habían empezado a seguir por el bosque las huellas de María Griselda. Internándose por un estrecho sendero que su caballo abriera entre las zarzas, habían llegado hasta el propio borde de la pendiente que descendía al río. Y apartando las ramas espinosas de algunos árboles, se habían inclinado un segundo sobre la grieta abierta a sus pies.

Un ejército de árboles bajaba denso, ordenado, implacable, por la pendiente de helechos, hasta hundir sus primeras filas en la neblina encajonada allá abajo, entre los murallones del cañón. Y del fondo de aquella siniestra rendija subía un olor fuerte y mojado, un olor a bestia forestal: el olor del río Malleco rodando incansable su lomo tumultuoso. Habían echado en seguida a andar cuesta abajo. Ramas pesadas de avellanas y de helados copihues les golpeaban la frente al pasar... y Rodolfo le contaba que, con la fusta que lleva siempre en la mano, María Griselda se entretenía a menudo en atormentar el tronco de ciertos árboles, para descubrir los bichos agazapados bajo sus cortezas, grillos que huían cargando una gota de rocío, tímidas falenas de color tierra, dos ranitas acopladas.

Y bajaron la empinada cuesta hasta internarse en la neblina, que se estancaba en lo más hondo de la grieta, allí en donde ya no había pájaros, en donde la luz se espesaba, lívida, en donde el fragor del agua rugía como un trueno sostenido y permanente. ¡Un paso más y se habían hallado al fondo del cañón y en frente mismo del monstruo!

La vegetación se detenía al borde de una estrecha playa de guijarros opacos y duros como el carbón de piedra. Mal resignado en su lecho, el río corría a borbotones, estrellando enfurecido un agua agujereada de remolinos y de burbujas negras.

¡El Malleco! Rodolfo le explicó que María Griselda no le tenía miedo, y le mostró, erguido allí, en medio de la corriente, el peñón sobre el que acostumbraba a tenderse largo a largo, soltando a las aguas sus largas trenzas y los pesados pliegues de su amazona. Y le contó cómo, al incorporarse ella solía hurgar, hurgaba riendo su cabellera chorreante para extraer de entre ésta, cual una horquilla olvidada, algún pececito plateado, regalo vivo que le ofrendara el Malleco.

Porque el Malleco estaba enamorado de María Griselda.

¡María Griselda!... la habían llamado hasta que la penumbra del crepúsculo empezara a rellenar el fondo del cañón y desesperanzados, se decidieran a trepar de vuelta la cuesta por donde el silencio de la selva les salía nuevamente al encuentro, a medida que iban dejando atrás el fragor incansable del Malleco.

La primera luciérnaga flotó delante de ellos.

—¡La primera luciérnaga! A María Griselda se le posa siempre sobre el hombro, como para guiarla, le había explicado Rodolfo súbitamente enternecido.

174

Una zorra lanzaba a ratos su eructo macabro y estridente. Y de la quebrada opuesta le contestaba otra en seguida, con la precisión del eco.

Los copihues empezaban a abrir sigilosos sus pesados pétalos de cera y las madreselvas se desplomaban, sudorosas, a lo largo del sendero. La naturaleza entera parecía suspirar y rendirse extenuada...

Y mientras ellos volvieron por un camino diferente del que vinieron, siguiendo siempre afanosos, la huella de María Griselda, ella había logrado vencer al fin la timidez y el cansancio que la embargaba.

—Rodolfo, he venido a saber lo que pasa entre Anita y tú. ¿Es cierto que ya no la quieres?

Ella había interrogado con cautela, aprontándose a una negativa o a una evasiva. Pero él, ¡con qué impudor, con qué vehemencia habíase acusado de inmediato!

Sí, era cierto que ya no quería a Anita.

Y era cierto lo que decían: que estaba enamorado de María Griselda.

Pero él no se avergonzaba de ello, no. Griselda, ni nadie. Sólo Dios, por haber creado a un ser tan prodigiosamente bello, era el de la culpa.

«Y tan era así, que él no tenía culpa, que el propio Alberto, sabiendo de su amor, en lugar de condenarlo, lo compadecía. Y le permitía seguir trabajando en el fundo, porque comprendía, sabía que una vez que se había conocido a María Griselda, era necesario poder verla todos los días para lograr seguir viviendo.

»¡Verla, verla!... Y, sin embargo, él evitaba siempre mirarla de repente, miedoso, temeroso de que el corazón pudiera detenérsele bruscamente. Como quien va entrando con prudencia en un agua glacial, así iba él enfrentando, de a poco, la mirada de sus ojos verdes, el espectáculo de su luminosa palidez.

»Y no, nunca se cansaría de verla, nunca su deseo por ella se agotaría, porque nunca la belleza de aquella mujer podría llegar a serle totalmente familiar. Porque María Griselda cambiaba imperceptiblemente, según la hora, la luz y

175

el humor, y se renovaba como el follaje de los árboles, como la faz del cielo, como todo lo vivo y natural.

»Anita era linda, ella también y él la quería de verdad, pero...» Ella recuerda que el nombre de su hija, entremezclado de golpe a semejante confesión, vino a herirla de una manera inesperada.

—No hablemos ahora de Anita —había interrumpido violentamente; luego—: Apuremos el paso, que se hace tarde.

Y Rodolfo había respetado su silencio, mientras guiándola en la oscuridad del bosque, la ayudaba a salvar las enormes raíces convulsas que se encrespaban casi a un metro del suelo.

Sólo cuando más adelante un revuelo de palomas vino a azotarles la frente.

—Son las palomas de María Griselda —no se había podido impedir de explicarle aún con devoción.

¡María Griselda! ¡María Griselda! Ella recuerda que en medio de la escalinata, su pie había tropezado con algo blando, con aquel sapo esperando él también eternamente a María Griselda...

Y recuerda cómo una oleada de ira la había doblado, para cogerlo brutalmente entre sus dedos crispados y arrojarlo lejos. Luego echó a correr hacia su cuarto con el puño cerrado y la horrorosa sensación de haber estrujado en la mano una entraña palpitante y fría.

¿Cuánto tiempo dormitó extenuada?

No sabe. Sólo sabe que...

Ruido. Cerrojos descorridos por una mano insegura. Y sobre todo, una voz ronca, desconocida y, sin embargo, muy parecida a la voz de Alberto, vinieron a desgarrar su entresueño.

Zoila no había mentido, no. Ni tampoco Fred la había alertado en vano. Porque aquello era su hijo Alberto, que llegaba ebrio y hablando solo. Ella recuerda cómo aguzando el oído había sostenido un instante en pensamiento unos pasos rotos a lo largo del corredor.

Luego... sí, debió haber dormitado nuevamente, hasta

que el estampido de aquel balazo en el jardín, junto con un inmenso revuelo de alas asustadas, la impulsara a saltar de la cama y a correr fuera del cuarto.

La puerta del corredor, abierta de par en par, hacia una noche palpitante de relámpagos y tardías luciérnagas. Y en el jardín, un hombre persiguiendo, revólver en mano, a las palomas de María Griselda.

Ella lo había visto derribar una, y otra, y precipitarse sobre sus cuerpos mullidos, no consiguiendo aprisionar entre sus palmas ávidas sino cuerpos a los cuales se apegaban unas pocas plumas mojadas de sangre.

—¡Alberto! —había llamado ella.

—¡Hay algo que huye siempre en todo! —había gemido entonces aquel hombre, cayendo entre sus brazos.

—...¡Como en María Griselda! —gritó casi en seguida, desprendiéndose—... De qué le sirve decirme: ¡Soy tuya, soy tuya! ¡Si apenas se mueve, la siento lejana! ¡Apenas se viste, me parece que no la he poseído jamás!

Y Alberto había empezado a explicarle la angustia que lo corroía y destruía, así como a todos los habitantes de aquella sombría mansión.

Sí, era en vano que para tranquilizarse, él rememorara y contara por cuántos y cuán íntimos abrazos, Griselda estaba ligada a él. ¡En vano! Porque apenas se apartaba del suyo, el cuerpo de María Griselda parecía desprendido y ajeno desde siempre y para siempre, de la vida física de él. Y en vano, entonces, él se echaba nuevamente sobre ella, tratando de imprimirle su calor y su olor... De su abrazo desesperado, María Griselda volvía a resurgir, distante y como intocada.

—Alberto, Alberto, hijo mío... —Ella trataba de hacerlo callar recordándole que era su madre.

Pero él seguía hablando y paseándose desordenadamente por el corredor... sin atender a sus quejas, ni a la presencia de Fred, quien, habiendo también corrido en alarma a lo tiros, lo consideraba con tristeza.

¿Celos? Tal vez pudiera ser que lo fuesen. ¡Extraños celos! Celos de ese «algo» de María Griselda, que se le escapaba siempre en cada abrazo. ¡Ah, esa angustia incomprensible que lo torturaba! ¿Cómo lograr captar, conocer y agotar cada uno de los movimientos de esa mujer? ¡Si hubiera podido envolverla en una apretada red de paciencia y de memoria, tal vez hubiera logrado comprender y aprisionar la razón de la Belleza y de su propia angustia!

¡Pero no podía!

Porque no bien su furia amorosa comenzaba a enternecerse en la contemplación de las redondas rodillas ingenuamente aparejadas, la una detrás de la otra, cuando ya los brazos empezaban a desperezarse armoniosos, y aún no había él aprendido las mil ondulaciones que este ademán imprimió a la esbelta cintura, cuando... ¡No! ¡No!

De qué le servía poseerla, si...

No pudo seguir hablando. Silvia bajaba la escalera, despeinada, pálida y descalza, enredándose a cada escalón en su largo batón de gasa.

—Silvia, ¿qué te pasa? —había alcanzado a balbucir Fred cuando una voz horriblemente aguda había empezado a brotar de aquel frágil cuerpo.

—¡Todos, todos lo mismo! —gritaba la extraña voz—. ¡Todos enamorados de María Griselda!... Alberto, Rodolfo, y Fred también... ¡Sí, tú también, tú también, Fred! ¡Hasta escribes versos para ella!... Alberto, ya lo sabes. Tu hermano tan querido escribe versos de amor para tu mujer. Los escribe a escondidas de mí. Cree que yo no sé dónde los guarda. Señora, yo se los puedo mostrar.

Ella no había contestado, miedosa de aquel ser desordenado y febril, que una palabra torpe podía precipitar en la locura.

—No, Silvia, no estoy enamorado de María Griselda, oyó de pronto decir a Fred con tranquila gravedad... Pero es cierto que algo cambió en mí cuando la vi... Fue como si en lo más recóndito de mi ser se hubiera de pronto encendido una especie de presencia inefable, porque por María Griselda me encontré al fin con mi verdadera vocación, por ella.

Y Fred les había empezado a contar su encuentro con María Griselda...

«Cuando recién casados, Silvia y él habían caído de sorpresa al fundo. María Griselda no se encontraba en la casa.

»Pero ansiosos de conocerla cuanto antes, ellos habían corrido en su busca, guiados por Alberto.

»Y así había sido cómo de pronto, en medio del bosque, él se había quedado atrás, callado, inmóvil, atisbando casi dentro de su corazón el eco de unos pasos muy leves.

»Desviándose luego del sendero, había entreabierto el follaje al azar, y... esbelta, melancólica y pueril, arrastrando la cola de su ropón de amazona, así la vio pasar.

»¡María Griselda!

»Llevaba enfáticamente una flor amarilla en la mano, como si fuera un cetro de oro, y su caballo la seguía a corta distancia, sin que ella precisara guiarlo. ¡Sus ojos estrechos, verdes como la fronda! ¡Su porte sereno, su mano pequeñita y pálida! ¡María Griselda! La vio pasar. Y a través de ella, de su pura belleza, tocó de pronto un más allá infinito y dulce... algas, aguas, tibias arenas visitadas por la luna, raíces que se pudren sordamente creciendo limo abajo, hasta su propio y acongojado corazón.

»Del fondo de su ser empezaron a brotar exclamaciones extasiadas, músicas nunca escuchadas: frases y notas hasta entonces dormidas dentro de su sangre y que ahora de pronto ascendían y recaían triunfalmente junto con su soplo, con la regularidad de su soplo.

»Y supo de una alegría a la par grave y liviana, sin nombre y sin origen, y de una tristeza resignada y rica de desordenadas sensaciones.

»Y comprendió lo que era el alma, y la admitió tímida, vacilante y ansiosa, y aceptó la vida tal cual era: efímera, misteriosa e inútil, con su mágica muerte que tal vez no conduce a nada.

»Y suspiró, supo al fin lo que era suspirar... porque debió llevarse las dos manos al pecho, dar unos pasos y echarse al suelo entre las altas raíces.

»Y mientras en la oscuridad creciente, largamente lo llamaban, lo buscaban, ¿recuerdan?, él, con la frente hundida en el césped, componía sus primeros versos.»

Así hablaba Fred, entre tanto Silvia retrocedía lentamente, muda y a cada segundo más pálida y más pálida.

Y, ¡oh, Dios mío! ¿Quién hubiera podido prever aquel gesto en aquella niña mimada, tan bonita y tan tonta?

Apoderándose rápidamente del revólver que Alberto tirara descuidadamente momentos antes sobre la mesa, se había abocado el caño contra la sien y sin cerrar tan siquiera los ojos, valientemente, como lo hacen los hombres, había apretado el gatillo.

—¡Mamá, venga, María Griselda se ha desmayado y no la puedo hacer volver! —Lo que de aquel horrible drama pudiese herir a su mujer, fue lo único que afectara a Alberto desde el primer momento; el resorte que lo hiciera automáticamente precipitarse, no hacia Silvia fulminada, sino hacia la puerta de su propio dormitorio, con el fin de impedir a María Griselda todo acceso a la desgracia que sin querer ésta había provocado.

—¡Venga, mamá, que no la puedo hacer volver! ¡Venga, por Dios!

Ella había acudido. Y una vez dentro del cuarto se había acercado con odio y sigilo hasta el borde del gran lecho conyugal, indiferente a las frases de estúpido apremio con que la hostigaba Alberto.

¡María Griselda! Estaba desmayada. Sin embargo, boca arriba y a flor de las almohadas, su cara emergía, serena.

¡Nunca, oh, nunca había ella visto cejas tan perfectamente arqueadas! Era como si una golondrina afilada y sombría hubiese abierto las alas sobre los ojos de su nuera y permaneciera detenida allí en medio de su frente blanca. ¡Las pestañas! Las pestañas oscuras, densas y brillantes. ¿En qué sangre generosa y pura debían hundir sus raíces para crecer con tanta violencia? ¡Y la nariz! La pequeña nariz orgullosa de aletas delicadamente abiertas. ¡Y el arco apre tado de la boca encantadora! ¡Y el cuello grácil! ¡Y los hombros henchidos como frutos maduros! Y...

...Como debiera por fin atenderla en su desmayo, ella se había prendido de la colcha y echándola hacia atrás, destapado de golpe el cuerpo a medio desvestir. ¡Ah, los senos duros y pequeños, muy apegados al torso, con esa fina vena azul celeste serpenteando entremedio! ¡Y las caderas redondas y mansas! ¡Y las piernas interminables!

Alberto se había apoderado del candelabro, cuyos velones goteaban, y suspendiéndolo, insensato, sobre la frente de su mujer.

—¡Abre los ojos! ¡Abre los ojos!... —le gritaba, le ordenaba, le suplicaba. Y como por encanto, María Griselda había obedecido, medio inconsciente. ¡Sus ojos! ¿De cuántos colores estaba hecho el color uniforme de sus ojos? ¿De cuántos verdes distintos su verde sombrío? No había nada más minucioso ni más complicado que una pupila, que la pupila de María Griselda.

Un círculo de oro, uno verde claro, otro de un verde turbio, otro muy negro, y de nuevo un círculo de oro, y otro verde claro, y... total: los ojos de María Griselda. ¡Esos ojos de un verde igual al musgo que se adhiere a los troncos de los árboles mojados por el invierno, esos ojos al fondo de los cuales titilaba y se multiplicaba la llama de los velones!

¡Toda esa agua refulgente contenida allí como por milagro! ¡Con la punta de un alfiler, pinchar esas pupilas! Habría sido algo así como rajar una estrella...

Estaba segura que una especie de mercurio dorado hubiera brotado al instante, escurridizo, para quemar los dedos del criminal que se hubiera atrevido.

—María Griselda, ésta es mi madre —había explicado Alberto a su mujer, ayudándola a incorporarse en las almohadas.

La verde mirada se había prendido de ella y palpitado, aclarándose por segundos... Y de golpe, ella había sentido un peso sobre el corazón. Era María Griselda que había echado la cabeza sobre su pecho.

Atónita, ella había permanecido inmóvil. Inmóvil y conmovida por una extraña, por una inmensa, desconcertante emoción.

—Perdón, había dicho de pronto una voz grave.

Porque, ¡perdón! había sido la primera palabra de María Griselda.

Y un grito se le había escapado instantáneamente a ella del fondo mismo de su honda ternura.

—Perdón, ¿de qué? ¿Tienes tú acaso la culpa de ser tan bella?

—¡Ah, señora, si usted supiera!

No se acuerda bien en qué términos había empezado entonces a quejarse, María Griselda, de su belleza como de una enfermedad, como de una tara.

«Siempre, siempre había sido así, decía. Desde muy niña hubo de sufrir por causa de esa belleza. Sus hermanas no la querían, y sus padres, como para compensar a sus hermanas toda la belleza que le habían entregado a ella, dedicaron siempre a éstas su cariño y su fervor. En cuanto a ella, nadie la mimó jamás. Y nadie podía ser feliz a su lado.

»Ahí estaba Alberto, amándola con ese triste amor sin afecto que parecía buscar y perseguir algo a través de ella, dejándola a ella misma desesperadamente sola. ¡Anita sufriendo por causa de ella! ¡Y Rodolfo también! ¡Y Fred, y Silvia!... ¡Ah, la pobre Silvia!

»¡Un hijo! ¡Si pudiera tener un hijo! ¡Tal vez al verla materialmente ligada a él por un hijo, el espíritu de Alberto lograría descansar confiado!... Pero, ¡no parecía ya como que estuviese elegida y predestinada a una solitaria belleza que la naturaleza —quién sabe por qué— la vedaba hasta de prolongar!

»Y en su crueldad, ni siquiera el nimio privilegio de un origen visible parecía haber querido otorgarle el destino... Porque sus padres no se parecían nada a ella, ni tampoco sus abuelos; y en los viejos retratos de familia, nunca se pudo encontrar el rasgo común, la expresión que la pudiera hacer reconocerse como el eslabón de una cadena humana.

»¡Ah, la soledad, todas las soledades!»

Así hablaba María Griselda, y ella recuerda cómo su rencor se había ido esfumando a medida que la escuchaba hablar.

Recuerda el fervor, la involuntaria gratitud hacia su nuera que la iba invadiendo por cada uno de los gestos con que ésta la acariciara, por cada una de las palabras que le dirigiera.

Era como una blandura, como una especie de cándida satisfacción, muy semejante a la que despierta en uno la confianza espontánea y sin razón que nos brinda un animal esquivo o un niño desconocido.

Sí, ¡cómo resistir a esta tranquila altivez, a la cariñosa mirada de esos ojos tan extrañamente engarzados!

Recuerda que ella comparaba en pensamiento la belleza de la presumida Silvia y la de su esplendorosa hija Anita, con la belleza de María Griselda. Ambas eran lindas, pero sus bellezas eran como un medio casi consciente de expresión que hubieran tal vez podido reemplazar .por otro. En cambio, la belleza pura y velada de María Griselda, esa belleza que parecía ignorarse a sí misma, esa belleza no era sino un fluir natural, algo congénito y estrechamente ligado a su ser. Y no se concebía que María Griselda pudiera existir sino con esos ojos y ese porte; no se concebía que su voz pudiera tener otro timbre que aquel suyo, grave y como premunido de una sordina de terciopelo.

¡María Griselda! Todavía la ve vivir y moverse, sigilosa y modesta, llevando su belleza como una dulce lámpara escondida, que encendía de un secreto encanto su mirada, su andar, sus ademanes más mínimos; el ademán de hundir la mano en una caja de cristal para extraer el peine con que peinaba sus negros cabellos... Y todavía, sí, todavía le parece estar oyendo el tic-tac del invisible reloj que allá en esa lejana casa del sur marcara incansablemente cada segundo de aquella tarde inolvidable.

Aquel tic-tac hendiendo implacable el mar del tiempo, hacia adelante, siempre hacia adelante. Y las aguas del pasado cerrándose inmediatamente detrás. Los gestos recién hechos ya no son Océano que se deja atrás, inmutable, compacto y solitario.

Y tú, Anita, ¡orgullosa! ¡Aquí estás y ahí lo tienes a ese hombre que no te quería y a quien tú forzaste y conquistaste! A ese hombre a quien se le escapará más tarde en alguna confidencia a otra mujer: «Yo me casé por compromiso». Lo odias, lo desprecias, lo adoras, y cada abrazo suyo te deja cada vez más desanimada y mucho más enamorada.

Temblar por el pasado, por el presente, por el futuro; por la sospecha, el rumor o el mero presentimiento que venga a amenazar la tranquilidad que deberás fabricarte día a día. Y disimulando, sonriendo, luchar por la conquista de un pedacito de alma día a día... ésa será tu vida.

¡Rodolfo! Helo aquí a mi lado y a tu lado, ayudándote a salvaguardar los cirios y las flores estrechándote la mano como tú lo deseas.

Un llevar a cabo una infinidad de actos ajenos a su deseo, empeñando en ellos un falso entusiasmo, mientras una sed que él sabe insaciable lo devore por dentro... ésa será su vida.

Ah, mi pobre Anita, tal vez sea ésta la vida de nosotros todos. ¡Ese eludir o perder nuestra verdadera vida encubriéndola tras una infinidad de pequeñeces con aspecto de cosas vitales!

ÍNDICE

Impreso en el mes de junio de 1994
en Talleres Gráficos HUROPE, S. A.
Recaredo, 2
08005 Barcelona